백두대간은 내게 말한다

백두대간은 내게 말한다

초판 1쇄 인쇄   2015년 1월 1일
초판 1쇄 발행   2015년 1월 5일

지은이   김정은
펴낸이   金泰奉
펴낸곳   한솜미디어
등록   제5-213호

편집   박창서 김수정
마케팅   김명준
홍보   김태일

주소   143-200 서울시 광진구 구의동 243-22
전화   (02)454-0492(代)
팩스   (02)454-0493
이메일   hansom@hansom.co.kr
홈페이지 www.hansom.co.kr

값 15,000원
ISBN 978-89-5959-410-8 (13690)

백두대간은 내게 말한다

김정은 지음

| 40일간의 일시종주를 통해서 본 |
| 백두대간의 문화와 역사 |

한솜미디어

| 추 천 사 |

자연과 사람이 공존하는 백두대간 길을 만들어갑시다.

대학산악부에서 만나 지금까지 40여 년 인연을 맺고 있는 후배의 산 사랑과 산에 대한 집념은 익히 알고 있었지만 이번 백두대간을 40일에 걸쳐 종주하였다는 사실을 알고 적잖게 놀랐습니다.

인생 66세가 큰 의미인 시대도, 백두대간 종주가 화두가 되는 시대도 아니지만 단독으로 일시종주를 행동으로 옮긴 것은 정말 쉽지 않은 결정이고 참 장한 일이라고 여겨지기 때문입니다.

이 책에도 잘 나타나 있지만 지금 우리의 백두대간은 많이 훼손되어 있습니다. 백두대간은 우리 국토와 산맥을 형성하는 등줄기입니다. 체계적으로 잘 관리되어야 하며, 그렇기 위해서는 전문 산악인을 포함하여 백두대간을 사랑하는 이들의 참여와 역할이 중요하다고 생각합니다. 산악인들 스스로 백두대간을 보호하고, 행정 당국도 규제 위주의 정책보다는 장기적이고 합리적인 발전 방안을 펼쳐간다면 우리의 백두대간은 세계적인 명품 길로 보전될 것이라 확신합니다.

끝으로 김정은 후배의 『백두대간은 내게 말한다』 출간을 진심으로 축하하며, 이 책이 많은 사람들에게 읽혀져서 자연과 사람이 공존하는 백두대간 길을 만들어가는 데 일조하기를 기대해 봅니다.

– 대한산악연맹회장 이인정

| 추천사 |

『백두대간은 내게 말한다』의 출판을 축하드립니다.

저자인 김정은 님은 10년 전 제가 한 일간지와 함께 '허영만과 함께하는 백두대간'을 진행할 때 수차례에 걸쳐 동행 산행을 해주었습니다. 당시 산에 대한 조언도 많이 해준 분으로, 상호 간에 산에 대한 열정은 익히 알고 있는 처지입니다.

나는 왜 그가 이번에 일시종주를 해야만 했고, 또 할 수밖에 없었는지에 관해 어렴풋이나마 짐작할 수 있습니다.

남들은 한 번도 하기 힘든 백두대간을 두 번씩이나 완주하고, 다시 일시종주를 택한 것은 백두대간을 경험한 내가 볼 때 참으로 그 다운 선택이라는 생각이 듭니다. 그에게 이번 일시종주는 산을 대하는 그만의 방식이며 과정이 아닐까 생각해 봅니다.

이 책은 산행 스타일을 소개하는 데만 그치지 않고, 대간 길과 그 자락에 얽힌 역사적, 문화적 스토리를 절묘하게 잘 풀어냈습니다.

앞으로 대간을 진행하려는 사람은 물론 자라나는 세대들에게도 대간 길을 공부하는 데 큰 도움이 될 것이라 믿습니다.

끝으로, 산과 술은 따로 떼어놓기 어렵습니다. 독자 여러분과 김정은 님, 적당히 드시고 오랫동안 산행하시기 바랍니다.

– 만화가 허영만

김정은 선배님의 책 출판을 축하드립니다. 언제나 다정다감하시고 매사 적극적인 스타일로 매진하시는 선배님의 이번 백두대간 일시종주는 우리 외대산악회의 또 하나의 업적이 아닌가 합니다.

책을 대하고 보니 마치 내가 일시종주하는 듯 산행 과정 하나하나가 피부에 와 닿았고, 누구라도 일시종주를 하게 된다면 이 책 하나면 충분하겠다는 생각과 느낌도 듭니다.

책을 읽고 나서 백두대간이야말로 민족의 자랑이며 진정으로 우리가 아끼고 보살펴서 후세에게 부끄럽지 않게 물려줘야겠다는 다짐을 하게 되었습니다. 특히, 이 책에 잘 소개되어 있는 백두대간의 지리적, 역사적인 관찰을 포함한 인문학적 콘텐츠는 백두대간을 새롭게 아는데 많은 도움이 되었습니다.

10년 전인 2004년 히말라야 8,000m 이상급 15좌 얄롱캉 원정 때 함께 간 정은 형의 모습을 그려봅니다. 그때 히말라야 여러 코스 트래킹을 일거에 마치고, 베이스캠프에서 저의 얄롱캉 등정 성공을 위해 밤새도록 라마신에게 향을 피우셨던 모습이 지금도 기억납니다.

아무쪼록 이 책이 백두대간을 새롭게 알려는 사람과 백두대간 언저리에 얽힌 역사와 문화를 제대로 알려는 모든 이에게 폭넓게 읽혀지기를 기원합니다.

– 산악인 엄홍길

| Prologue | 책을 출간하며 |

이 책은 지리산 천왕봉을 시작으로 강원도 진부령까지 백두대간을 일시종주한 체험을 바탕으로 구성하였다.

이미 두 번에 걸쳐 백두대간을 종주한 나에게 무엇이 또다시 일시종주에 나서도록 한 것일까? 답은 간단하다. 두 번에 걸쳐 대간을 완주했지만 그 길이 머릿속에 명쾌하게 그려지지 않았기 때문이다.

이전까지 대간 산행은 '모로 가도 서울만 가면 된다'는 식으로, 단순히 마루금만 이으면 된다고 생각했었다. 그러다 보니 북진北進 또는 남진南進 개념도 없는 편의주의적인 산행이었다.

또한 구간에 따라서는 무박 2일간의 야간 산행을 감행하여 캄캄한 밤 헤드라이트에 의지해 앞사람 뒤꽁무니만 쫓아가는 무미건조한 산행이 되기도 했다.

그래서 이번 일시종주 북진을 통해 그동안 보지 못하고 느끼지 못했던 대간의 모든 것을 새롭게 알고 싶었다.

물론 이번 일시종주로 백두대간을 제대로 알았다고 말하기에는 부족한 면이 많지만 그래도 나름대로 느낀 체험을 진정으로 백두대간을 좋아하고 사랑하는 모든 이와 공유하고, 또 '어떻게 하면 대간 길을 훼손하지 않으면서 입산금지 구간이 필요 없는 대간 길을 만들 수 있을까?' 하는 마음에서 이 책을 쓰게 되었다.

아울러 백두대간에는 우리나라 100대 명산의 40% 정도가 위치해 있으며, 대간 길과 좌우 산자락에는 수많은 생령들과 대대로 내려온 민족의 역사와 문화가 깃들어 있다. '아는 만큼 보인다'는 말이 있듯이 대간 길 주위의 역사적, 지리적 배경과 전설, 구전, 문화, 야생화 등을 제대로 알고 산행에 나선다면 대간 길에서 느끼는 즐거움은 배가 될 것으로 믿는다.

끝으로, 무사히 일시종주를 마치도록 도와준 한국외국어대 산악회와 오사산악회, 그리고 마지막 2구간을 함께해 준 뫼솔산악회 산우인 정창기 님과 카이자르 님께 고마움을 전한다. 또한 후배 제갈무영과 출발 전 사전준비인 데포짓(17군데)은 물론 산행 끝까지 지원을 아끼지 않은 외대산악회 동기 조동식, 이 책이 나오기까지 많은 시간을 할애해 준 산우 양진형 님을 비롯해 일시종주를 응원해 주신 모든 분들께도 심심한 감사를 드린다.

(주)코리아인포메이션서포터 대표이사
김정은

백두대간은 내게 말한다

추천사 _ 005
프롤로그 / 책을 출간하며 _ 008

1부 : 임을 향한 발걸음

01 백두대간, 그 대장정에 들어서다 _ 014
02 운무에 몸을 숨긴 반야봉과 노고단 _ 022
03 세상으로 마실 나온 백두대간 _ 029
04 봉화산 붉은 철쭉은 '삼국 병사'들의 원혼인가 _ 038
05 힘내자! 육십령이 기다린다 _ 046
06 덕유산, 그 넉넉한 품에 이틀 머물다 _ 052
07 비단결처럼 고운 길 덕유평전 _ 058
08 모처럼 맑은 하늘, 마음은 벌써 삼도봉에 _ 064
09 삼도봉에서 완주를 기원하다 _ 071
10 우중 산행, 내게 길을 묻다 _ 078
11 오늘도 산행 중 만난 사람 없어 _ 087
12 그러나 가야만 한다. 완주를 향해… _ 092
13 백두대간 중화지구, 화령재에서 마감하다 _ 099
14 속리산 구간이 눈앞에, 이제부터 진검승부다 _ 106
15 속리의 세계로 가는 길, 이리도 험한가 _ 114
16 대야산에서 길을 잃고 크게 헤매다 _ 122
17 희양산 '하얀 암봉' 나를 전율케 해 _ 128
18 이화령 지척에 두고, 돌고 또 돌아 _ 136
19 오늘 구간은 지금까지 대간 길 중 '최고' _ 144

김정은 예찬 _ 154

40일간의 일시종주를 통해서 본 백두대간의 문화와 역사

2부 : 아, 백두대간이시여!

- 20　백두대간 남쪽 구간 중간 지점을 통과하다 _ 158
- 21　까칠한 황장산, 비로 인해 더욱 마음 졸이다 _ 164
- 22　드디어 소백산 자락에 들어서다 _ 171
- 23　바람의 산 소백산, 오늘도 시련을 주다 _ 180
- 24　소백과 태백의 사이 '양백지간'에 들어서며 _ 189
- 25　넉넉한 대간 길, 이보다 더 좋을 순 없다 _ 198
- 26　태백산, 화난 모습으로 날 맞이하다 _ 205
- 27　비는 내리지만 설렘으로 걷는 '천상의 화원' _ 214
- 28　백두대간, 매봉과 두타 사이에서 몸을 다시 낮춰 _ 227
- 29　대간 길 중 '최장 구간' 가뿐하게 넘다 _ 234
- 30　카르스트 지형 위를 지나는 '부드럽고 편안한 길' _ 242
- 31　산이 거기에 있기에 오른다 _ 250
- 32　우중 최악의 산행, 멈추면 죽는다 _ 262
- 33　오대산의 따스한 품에 안기다 _ 268
- 34　'삼둔 오갈'의 고장 인제군의 하늘 길 _ 276
- 35　드디어 남설악에서 대청봉을 바라보다 _ 282
- 36　설악아! 네가 보고파 왔노라 _ 292
- 37　다시 시작하는 마음으로 황철봉을 걷다 _ 300
- 38　참으로 고맙습니다! 참으로 감사합니다! _ 311

1부
임을 향한 발걸음

01 백두대간, 그 대장정에 들어서다

제1구간 중산리~천왕봉~장터목~새석~벽소령~연하천 대피소

산행 날짜 2014. 7. 8(화)
산행 거리 19.59km
산행 시간 12시간 10분(05:00~17:10)

새벽 5시, 산행을 시작하여 천왕봉에 오른다. 그동안 백두대간을 두 차례나 마쳤지만 솔직히 이번 일시종주에 대한 불안감을 떨쳐버릴 수 없다. 마치 42.195km 마라톤 완주에 도전하는 선수처럼 '무리하지 말고 내 페이스를 지키자'며 혼잣말로 거듭 다짐한다.

천왕봉 오르는 길에 '옛 추억을 되새기며'

나는 왜 지리산에서 진부령까지 약 700km에 이르는 단독 일시종주에 나서는 것일까? 무엇이 나를 이 빗속에서 험준한 산길로 내모는 것일까? 마치 선방禪房에서 무지를 깨쳐 나가 듯이, 이러저러한 화두를 스스로에게 던지며 중산리에서 법계사로 가는 가파른 길을 한 걸음씩 오른다.

천왕봉이 가까워질수록 경사면은 더욱 거칠어지고, 빗물을 머금은 등산로와 바윗길은 자꾸 내게 '대간 일시종주를 포기하라'며 압력

을 넣는 것 같다. 하지만 지금 이 순간을 얼마나 많이 기다렸던가? 태풍 '너구리'가 쏟아내는 빗줄기가 굵어질수록, 나는 더 거친 숨을 몰아쉬며 천왕봉을 향해 발걸음을 내딛는다.

아침 8시, 3시간 사투 끝에 도착한 천왕봉1,915m은 사방을 운무로 가리운 채 마치 독대한 큰 스님의 용안처럼 서기 어린 모습을 드러낸다. 비바람이 거세다. 먼저 도착한 분께 부탁하여 준비해 간 '한국외대 산악회'의 깃발을 내세워 이번 대간 출정식을 한다.

사실 지리산은 내게 좀 각별한 의미를 갖는 산이다. 외대산악부 시절, 연례행사의 하나로 춘계 신입생 환영 지리산 종주산행이 있었다. 서울역에서 야간열차로 구례역에 도착하여 화엄사를 경유한 후 노고단을 거쳐 천왕봉에 올라 칠선계곡으로 하산했다. 그리고 함양 마천초등학교 운동장에서 마지막 캠프를(언제나 토요일) 보내고, 남원을 거쳐 서울로 오는 것이 하나의 전통이었다.

그때 산행의 '산' 자도 모르는 여자를 지리산으로 유혹(?)하여 힘든 종주산행을 무사히 마치고, 마지막 야영지인 마천초등학교 화단 자락에 앉아 좋아함을 고백하고 결혼에 골인한 일과 나와 함께 늦게 산악부에 들어온 동기 남철우와 같은 서울에 살면서도 오랫동안 산행을 같이 못하고 있는 등 유독 이 지리산의 옛 추억들이 주마등처럼 떠올라

학창시절의 지리산 종주가 한없이 그리워진다.

　지리산은 이렇듯 내게 많은 추억을 안겨준 산이지만, 우리 민족에게는 어머니 같은 산이며 또한 근현대사에 있어 많은 아픔을 간직하고 있는 산이다. 특히 한국전쟁 후에는 지리산을 근거지로 한 빨치산과 이를 쫓는 토벌대 간에 죽고 죽이는 살육의 현장이었다.

지리산은 바라만 보아서는 모른다

　문학적으로 보면 김동리의『역마』화개장터, 박경리의『토지』하동군 악양면 평사리 일대, 조정래의『태백산맥』노고단, 달궁골, 심원계곡, 최명희의『혼불』남원군 사내면 청호저수지, 이태의『남부군』뱀사골, 이은성의『소설 동의보감』산청군 금서면 특리, 문순태의『피아골』피아골, 섬진강 등 우리 문단을 뒤흔든 소설 20여 편의 주무대가 이곳 지리산 일대다.

　또 이시영의 '지리산'지리산 빨치산 토벌기념관, 김지하의 '지리산'뱀사골, 고정희의 '지리산의 봄 4'세석평전, 신동엽의 '진달래산천'노고단, 박라연의 '가을 화엄사'화엄사, 송수권의 '지리산 뻐꾹새'지리산에서 바라본 섬진강 등 지리산과 그 자락을 노래한 시도 20여 편에 이른다.

　그래서 지리산은 여느 산처럼 힘 자랑한다며 마구 달릴 수 없는 그런 산이다. 통일 시인 이기형은 그의 시 '지리산' 서시序詩에서 우리가 지리산을 어떻게 대해야 하는지 말하고 있다.

지리산은 바라보아서는 모른다
관광길 눈요기로는 더욱 모른다
저 큰 가슴팍에 온몸을 파묻고 통곡해 보라
呼魂(호혼)의 바다 속 깊숙이 잠겨보라

그렇다. 지리산은 이런 산이다. 천왕봉에서 고도를 서서히 낮춰가며 통천문~제석봉1,808m를 지나 10시 25분 장터목에 이르는 동안 이런 생각에 젖는다.

대간 길은 장터목에서 다시 고도를 높이기 시작해 연하봉1,723m과 촛대봉1,703m을 오르내리며 세석평전까지 이어진다. 빗줄기는 더욱 거세져 마루금이 작은 연못으로 변해 있는 곳도 많고 오르막에서는 작은 폭포처럼 물줄기가 쏟아지기도 한다. 무당개구리는 제 세상을 만난 듯 신이 나서 날뛴다. 무리하지 않는 산행으로 장터목에서 1시간 40분 소요하여 낮 12시 10분 세석평전에 도착한다.

잔돌이 많은 평야와 같다고 하여 세석평전이라 부른다. 이곳에도 안개가 끼어 시야가 100여m도 채 되지 않는다. 철쭉꽃은 자취를 감춘 지 오래지만 철쭉나무와 진달래 나무 사이로 구상나무가 몸을 낮추어 자라고 있다.

고정희 시인의 '지리산의 봄 4-세석고원을 넘으며'를 되새기며, 봄날 세석평전의 철쭉을 연상해 본다.

아름다워라
세석고원 구릉에 파도치는 철쭉꽃

선혈이 반짝이듯 흘러가는

분홍강물 어지러워라

이마에 흐르는 땀을 씻고

발아래 산맥들을 굽어보노라면

역사는 어디로 흘러가는가.

(중략)

눈물겨워라

세석고원 구릉에 파도치는 철쭉꽃

선혈이 반짝이듯 흘러가는

분홍강물 어지러워라.

지리산을 사랑했던 시인은 1991년 6월 장마 속에서 지리산을 등반하다 실족한 후 급류에 휩쓸려 젊은 나이에 생을 마감했다고 한다. 시인은 갔지만 그의 시는 이곳 세석평전의 또 다른 철쭉꽃이 되었다.

아름다워라 세석고원, 슬프구나 빗점골

세석대피소에 들어가 젖은 옷의 물기를 짜낸 후 다시 벽소령을 향해 발길을 재촉한다. 영신봉1,651m으로 오르는 길은 가파르다. 낙동강 남쪽을 가로지르며 김해 분성산까지 299km 굽이치는 13대 정맥 중 하나인 '낙남정맥'이 이 영신봉에서 분기한다.

날씨가 좋으면 물 흐르듯 이어지는 산굽이를 볼 수 있으련만 오늘은 아쉬움을 안은 채 칠선봉1,568m, 덕평봉1,520m을 지나, 오후 2시 40분 오늘 산행 중 가장 고도가 낮은 벽소령1,250m에 도착한다. 대간 길은 벽소령을 기점으로 다시 고도를 높여 형제봉1,452m, 삼각봉1,462m까지 고도를 높여나간다.

이즈음에서 빗점골이 떠오른다. 빗점골은 토끼봉~삼각고지~명선봉 남쪽 사면에 만들어진 작은 계곡인데 그곳에서 빨치산 총사령관 이현상이 토벌대에 의해 사살되었다. 명선봉과 삼각고지 사이에서

흐르는 '절터골'과 명선봉에서 바로 남쪽 아래로 흐르는 가운데 골짜기인 '산태골' 그리고 토끼봉 아래에서 남동쪽으로 흐르는 '왼골'이 모여 만들어낸 계곡이 바로 빗점골이다. 빗점골은 다시 대성골과 합수하여 화개천을 이루고 마지막에는 섬진강과 합수한다.

이제 다시는 동족끼리 이런 비극이 없기를 기원하며 힘겹게 삼각고지를 지나 명선봉 북쪽 사면에 위치한 연하천 대피소에서 오늘 산행을 마감한다. 시계를 보니 오후 5시 10분이다. 장마철이라 그런지 대피소는 여느 때보다 썰렁하다.

내일은 만복대~북고리봉을 거쳐 고기리까지 가야 하므로 날씨가 좋아지기를 기원하며 밤이 깊어가는 연하천 산장에 산행 첫날의 몸을 맡긴다.

02 운무에 몸을 숨긴 반야봉과 노고단

제2구간 연하천대피소~화개재~삼도봉~임걸령~노고단~
성삼재~남고리봉~만복대~정령치

산행 날짜 2014. 7. 9(수)
산행 거리 20.98km
산행 시간 9시간 15분(06:40~14:55)

아침 6시 40분, 여전히 비가 내리는 가운데 명선봉₁,₅₆₆m을 향해 걸음을 옮긴다. 산장에서 명선봉 오르는 길은 가파르지만, 명선봉에 올라서니 등산로는 완만하다. 평소 같으면 아늑하고 편안하게 느껴져야 할 아침 숲길이 오늘은 빗속이라 좀 을씨년스럽게 느껴진다. 숲길에서는 잠에서 막 깨어난 금낭화, 투구꽃, 곰취 등 야생화들이 빗방울을 머금은 채 아침 인사를 건네지만 그리 반갑지만은 않다.

아마 연이은 우중 산행으로 기분이 다운돼서 그런가 보다. 등산로 상태가 엉망이다. 평지는 대부분 물이 고여 있고 진흙탕이라 발 디딜 곳이 마땅치 않다. 경사진 바위는 미끄러워 자칫 큰 사고로 이어질 수 있다. 발을 내딛는 순간순간 긴장의 연속이다. 그러나 그런 길일지라도 만복대를 지나 오늘은 고기리까지 가야 한다.

총각샘에서 곧이어 토끼봉에 도착한다. 예전에는 하동군 화개면 범왕리 칠불암에서 토끼봉까지 오르는 길이 있었으나 지금은 반달곰 보호구역으로 입산금지다. 토끼봉에서 울창한 참나무와 구상나무 지대를 지나 20여 분 내려서 헬기장이 있는 화개재에 도착한다. 연하천에서 이곳까지는 4.2km로 1시간 50분이 소요된 오전 8시 25분이다.

화개재는 경남의 소금과 해산물, 전북의 삼베와 산나물을 물물교환하는 장소였다. 화개재 전면에는 삼도봉1,499m이 버티고 있다. 삼도봉 오르는 길은 급경사 계단550계단이다. 정상바위가 '낫날'과 같은 모양이라 '낫날봉' 혹은 '날라리봉'이라고도 하며 경남·전북·전남도가 만나는 지점이다. 삼도봉의 우측은 반야봉 자락이 빚어낸 뱀사골 계곡이며, 좌측은 불무장등 능선과 왕시루봉 능선이 빚어낸 피아골 계곡이다.

삼도봉을 출발하여 20여 분 진행하면 반야봉1,732m 갈림길인데 대간 길은 왼쪽이다. 이곳에서 반야봉을 다녀오려면 1시간 30분은 잡아야 하는데 오늘은 지나친다. 반야봉은 지리산 능선 어느 곳에서 보아도 여인의 둔부처럼 오롯한 모습으로 솟아 있다. 그래서일까? 시인 이원복은 그의 시 '지리산에 오시려거든'에서 반야봉을 이렇게 노래했다.

행여 반야봉 저녁노을을 품으려거든
여인의 둔부를 스치는 유장한 바람으로 오고
피아골 단풍을 만나려면
먼저 온몸이 달아오른 절정으로 오시라

반야봉은 낙조 또한 아름다워 '반야낙조'는 '천왕봉 일출'과 함께 지리산 10경 중 하나에 속한다.

여인의 둔부 같은 반야봉 옆을 지나고

반야봉 갈림길에서 노루목을 지나 9시 40분 임걸령에 도착한다. 해발 1,320m의 높은 봉우리에도 불구하고 반야봉이 북풍을 막고 노고단 쪽 능선이 동남풍을 막아 아늑하고 조용한 천혜의 요지가 되었다. 옛날에 임걸林傑 또는 임걸년林傑年이라는 이름의 의적이 은거하던 곳이어서 임걸령林傑嶺이라는 이름이 붙었다고 전해진다.

임걸령 물은 언제 먹어도 맛이 좋다. 임걸령 샘터에서 시원한 물로 잠시 얼굴의 땀을 씻고 3.5km 거리의 노고단을 향한다. 임걸령에서 돼지령을 거쳐 노고단으로 가는 길은 참나무와 떡갈나무 숲길로 비교

적 평탄한 코스다. 오전 10시 50분, 노고단老姑壇, 1,502m에 도착한다.

    천왕봉, 반야봉과 함께 지리산 3대 봉우리 중의 하나인 노고단은 주능선의 서부를 이루는 주봉이다. 지리산은 이 3대 주봉을 중심으로 병풍처럼 펼쳐져 있다. 노고단이라는 지명은 고려시대 이곳에서 할미-할미는 도교道敎의 국모신國母神인 서술성모西述聖母 또는 선도성모仙桃聖母를 일컫는다고 함-에게 산제를 드렸던 할미당이 있어 유래되었다고 한다.

    날씨가 좋은 날엔 성삼재에서 노고단까지 올라온 탐방객들로 북새통을 이루는데 오늘은 사람 구경을 할 수 없다. 노고단의 운해도 지리산 10경 중 하나인데 오늘은 기대하기 어렵다.

　노고단을 기점으로 대간 길은 크게 우회하며 3.5km에 이르는 성삼재까지 고도를 400여m 낮춘다. 노고단 대피소와 화엄사 계곡의 분기점인 코재$_{1,250m}$를 거쳐 해발 1,102m의 성삼재에 이르니 낮 12시 30분이다.

　이곳에서 만복대까지는 4.8km로 861 지방도를 따라 달궁 계곡 쪽으로 5분 정도 내려가면 좌측에 입구가 있다. 도중에 하늘 아래 첫 동네 '심원마을' 표지판도 있는데 얼마 전 신문을 보니 지리산국립공원에서는 장기적으로 이 지역에 거주하는 사람들을 소개시켜 반달곰 서식지로 복원할 계획이라고 한다.

빗속에서 노고단 지나 만복대까지

　만복대를 향해 500m 정도 직진하자 좌측으로 구례군 산동면 당동마을로 내려가는 이정표가 나온다. 이곳에서 어른 키를 넘는 산죽 지대와 관목 지대를 지나 가파른 오르막길을 조금 더 오르자 남고리봉이다.

　남고리봉에서 1.6km 내리막을 지나자 묘봉치 삼거리에 이른다. 이곳에서 좌회하여 3km 남짓 내려가면 산수유마을과 지리산 온천으로 알려진 구례군 산동면 상위마을과 하위마을이 나온다. 상위마을이 산수유마을이 된 것은 멋 옛날 중국 산동성의 한 처녀가 지리산에 시집 오면서 산수유나무 한 그루를 가져와 심은 것이 오늘날에 이르러 번창하게 되었다는 전설에 의해서다. 이 마을을 중심으로 매년 3월이면 '산수유꽃 축제'가 열린다.

　묘봉치에서 만복대까지는 2.2km다. 묘봉치에서 본 만복대의 모습은 마치 초가지붕 형상이다. 고도를 오를수록 바람이 거센 탓에 나무

들은 위로 크지 않고 옆으로 누워 자란다. 이곳은 가을이면 억새평전으로 유명하지만 겨울 설국의 모습도 압권이다.

   만복대 오르는 길은 생각만큼 힘들지 않다. 만복대까지 무사히 오르니 이제 1박 2일의 지리산 종주가 거의 마무리되는 듯싶어 안도한다. 만복대 돌탑 앞에서 우중 안전산행에 감사한다.

   이곳에서 정령치까지는 2.1km로 내리막이다. 하지만 중간중간 미끄러운 바위 지대가 있어 조심스럽게 걷는다. 오늘 산행 계획은 당초 고기리까지였으나 연이은 우중 산행으로 몸이 무거워 정령치에서 마감하기로 한다.

03 세상으로 마실 나온 백두대간

제3구간 정령치~북고리봉~고기리~수정봉~입망치~여원재~
고남산~통안재~573.2m 봉~유치재

산행 날짜 2014. 7. 10(목)
산행 거리 22.16km
산행 시간 14시간 5분

아침 5시 30분, 고기리 선유산장에서 기상하여 출발을 서두른다. 날씨가 흐리고 안개가 많이 끼어 있다. 비는 오지 않아 다행이다.

조동식의 도움으로 아침 6시 30분, 다시 정령치에 도착하여 등로를 따라 북고리봉1,304m으로 향한다. 가파른 오르막을 오르며 300여m 진행하자 마애불상군 0.3km, 개령암지 0.2km라는 이정표가 나온다.

현장 안내판에 의하면 개령암지마애불상군開嶺庵址 磨崖佛像群은 보물 제1,123호로 절벽을 이루는 바위에 12구의 부처가 새겨져 있다고 한다. 가장 큰 불상은 높이가 4m로 조각 솜씨도 뛰어나 으뜸으로 모셔진 것이라 여겨진다. 타원형의 얼굴과 다소 과장된 굵직한 코, 간략하게 처리한 옷 주름, 듬직한 체구 등에서 고려시대 불상의 특징을 엿볼 수 있다. 이 불상군은 고려시대 마애불과 불상 양식 연구에 귀중한 자료가 된다고 한다. 깊은 산중에 마애불이라니, 개인적인 생각으로는 이러한 불상들이 대

중을 위한 것이라기보다는 이 일대를 장악한 호족의 개인적 안녕을 비는 불상이 아닌가 싶다.

　마애불상군을 뒤로하고 북고리봉 오르는 중간에서 노란색 바위채송화가 반긴다. 고리봉 9부 능선 바위에서 정령치 쪽을 내려다보니, 운해가 장관이다. 대간 능선을 사이에 두고 달궁 계곡에서 남원 산내면 방향으로 두터운 구름이 유장하게 흘러간다.

백두대간에서 첫 알바
　고도를 더 높여 오늘 산행의 최고봉인 북고리봉에 도착한다. 여기서 북동쪽으로 직진하면 세걸산, 바래봉으로 이어지는 바래봉 능선이다. 성삼재에서 이어지는 만복대 능선과 바래봉 능선을 합해 지리산 서북 능선이라 부른다. 지나온 산세로 보면 백두대간은 바래봉 능선으로 이어질 것처럼 보인다. 나도 그만 착각하고 바래봉 능선 쪽으로 내려가고 말았다. 대간 첫 알바다. 약 1.5km 남짓 내려가다 아니다 싶어 다시 북고리봉으로 올라오니 1시간 30분이 소요되었다. 힘이 쭉 빠진다. 앞으로는 이런 일이 없어야겠다고 다짐해 본다.

　힘차게 달려 온 백두대간은 마치 미로 찾기에 나서는 듯 북고리봉 삼거리에서 고기리로 급좌회한다. 실낱같이 가느다란 능선으로, 지나온 구간의 웅장함을 생각한다면 이게 진짜 백두대간인가 하는 의심이 들 정도다.

　표고에 따라 나무 군락이 확연히 다르다. 고지대에서는 산죽과 철쭉이 이어지다 참나무, 물푸레나무 군락이 이어지고 잣나무 지대가 나오고 이어 소나무 지대가 나온다.

잣나무와 소나무 숲길은 평안하고 온화하다. 북고리봉 하산 1km 지점 우측에서 물 흐르는 소리가 들린다. 그런 길을 2km 남짓 더 내려오니 어느새 고기리 삼거리다. 알바 탓에 2시간이면 내려올 고기리까지 3시간 30분이 소요되었다.

　고기리 삼거리는 60번 지방도와 정령치로 이어지는 737 지방도가 교차하는 곳이다. 삼거리에서 운봉읍 방향이며, 왼쪽은 육모정을 지나 남원시 방향이다. 고기리 삼거리 선유산장 앞에서 60번 도로를 따라 운봉읍 방향으로 15분 정도 직진하면 덕치리 버스정류소가 나오고, 이곳에서 대간 길은 좌측으로 갈라져 노치마을로 향한다.

　'갈대 노蘆'에 '언덕 치峙' 자를 썼으니 '갈대가 많은 언덕'이라는 뜻이다. 이 마을을 '가재마을'이라고도 하는데 여기서 가재는 갈대를 의미하는 순수한 우리말이 아닌가 한다.

평야 지대로 몸을 낮춘 백두대간

　이 구간을 걷다 보면, 온 힘을 다해 지리산을 일으키고 기진맥진한 백두대간은 다음 구간인 수정봉과 고남산

을 일으킬 기氣를 얻기 위해 평지로 빠져든 게 아닌가 하는 생각이 든다. 아니면 인간 세상이 궁금해 땅에 납작 엎드려 귀를 기울이고 있는지도 모르겠다. 그러나 지도를 보면 선유산장에서 노치샘까지는 낮은 기울기의 내리막이 계속되고 있는 것을 알 수 있다.

노치마을로 가는 도로 옆 전봇대에는 산악회 시그널들이 매달려 있다. 노치마을을 지나 노치샘에 도착하여 잠시 목을 축인다. 노치샘에서 어린 송림과 가파른 급경사를 1시간 30여 분 올라 12시 30분, 수정봉804.7m 정상에 도착한다.

수정봉은 마치 학이 날개를 펴고 날 듯한 형상을 하고 있다고 알려져 있다. 전설에 의하면 수정봉의 노치마을에 민씨閔氏라는 거지가 살았는데 짚신을 삼아 팔았다. 어느 추운 겨울날 민씨가 죽어 눈 덮인 산을 헤매어 시체를 매장하려는데 신기하게도 시체의 관이 알맞게 들어갈 만큼 눈이 녹아 있는 곳이 있었다. 그리하여 그곳에 장사를 지냈는데 바로 그 자리가 용은 용인데 주인이 없다는 황룡무주黃龍無主의 명당

이었다. 이 묘를 쓴 뒤 후손이 번창했다고 한다. 그런데 묘에 호화롭게 석물을 세우고 보수한 뒤로는 자손들이 뜻밖에도 나쁜 일을 당해서 다시 석물들을 없앴더니 화가 없어졌다고 한다. 돌이 무거워 학이 날지 못했다는 것이다.

옛날에 산에 수정 광산이 있었다 하여 수정봉水晶峰이라는 이름이 붙여졌다는 설도 전해진다. 산의 9부 능선을 둘러싸고 삼국시대에 축조한 것으로 추정되는 노치산성蘆峙山城의 흔적이 남아 있다고 한다. 수정봉에서 우측을 보면, 널따란 운봉벌과 건너편 지리산 서북 능선이 한눈에 들어온다. 또한 좌측을 보면 남원 이백면 들녘이 조망된다.

수정봉에서 입망치545m로 내려오니 여원재까지 3.4km 남았다. 여원재에 다다를 무렵 한 민박집이 보인다. 2년 전 두 번째 대간 산행을 하면서 이곳에서 산행 동료들과 시원한 운봉 막걸리에 김치와 나물을 안주 삼아 한 순배 돌리던 기억이 새롭다.

해발 477m의 여원재는 옛날 교통의 요충지로 남원과 운봉, 함양을

오가는 길손이라면 반드시 거쳐야 했던 고개다. 여원치의 유래는 이렇다. 고려 말 왜구의 침입이 극심하던 때 이곳 운봉현까지 왜구의 침략이 잦았다. 고갯마루 주변 주막집을 들락거리던 왜구 무리들은 주모에게 손찌검을 했다. 이에 주모는 날이 시퍼런 칼로 왜구의 손을 탄 왼쪽 가슴을 잘라내고 자결한다.

한편 왜구의 침략을 물리치기 위해 운봉에 당도한 이성계는 꿈자리에서 백발이 성성한 노파로부터 싸움에서 이길 수 있는 날짜와 전략을 계시받아 대승을 거둔다. 이성계는 꿈에 나타난 이 노파가 왜구의 손찌검으로부터 몸을 지키고 자결한 주모의 원신이라고 믿고, 고갯마루 암벽에 여상을 암각한 다음 주모의 넋을 위로하기 위한 사당을 지

어 여원이라고 불렀다. 이런 사연으로 여원치라는 명칭이 탄생했다는 것이다. 현지 주민들은 여원치를 연재라고도 부르는데 이는 필시 여원의 이름에서 파생된 것이라고 짐작된다.

동학혁명 당시 동학군이 경상도로 진출하기 위해 이곳에서 관군과 전투를 벌였으나 패하는 바람에 패퇴의 길을 걷게 된다.

**동학도의 애환이 서린 여원재 지나
동편제의 산실 비전마을 바라보며**

이제 여원재를 뒤로하고 24번 국도와 고랭지 채소밭을 지나 장동마을로 향한다. 장동마을을 지나 고남산 오르는 길은 하늘을 향해 울창하게 쭉쭉 뻗는 소나무 숲이다. 숲길은 스펀지처럼 편하고 안락하다. 군데군데 억새 군락도 지나 급기야 오후 6시 20분, 고남산 정상846m에 이른다.

고남산에서 바라본 지리산 경관은 언제나 좋다. 북고리봉, 바래봉1,168m, 덕두산1,151m으로 이어지는 바래봉 능선이 보이고 아래쪽으로는 태조 이성계가 왜구를 무찌른 황산697m과 그 아래 운봉읍 가산리 비전碑前마을도 보인다. 비전마을 인근에는 유명한 황산대첩비가 있다.

잠시 여원재 유래에서 언급한 바 있지만 태조 이성계는 고려 말 우왕 6년1380년 이곳 황산에서 왜군 아기발도阿只拔都를 크게 무찌른다. 이 대첩을 기념하기 위해 선조는 1577년 황산대첩비를 건립하고, 관원을 파견해 비각을 관리하게 했는데 그 식솔들이 비석 앞에 모여 자연스럽게 마을이 형성되었다고 하여 비전마을로 불린다.

그 후 비전마을에서 조선 후기 판소리 동편제를 창시한 가왕歌王 송흥록宋興綠과 그의 계보를 잇는 송만갑宋萬甲이 탄생한다. 또한 명창 박초월朴初月이 한때 이곳에 머물며 판소리를 배워 비전마을은 현재 '국악의 성지'로 여겨진다.

『조선창극사朝鮮唱劇史』에 따르면 판소리는 동편제, 서편제, 중고제 등 세 유파로 구분하는데 섬진강을 중심으로 동편 지역인 운봉·순창·구례 소리를 동편제, 섬진강 서편인 광주·보성·나주·함평 등지의 판소리를 서편제로 구분한다. 서편제는 보성 사람 박유전朴裕全이 비조로 일

컬어진다.

　동편제의 특징은 지리산을 닮은 탓에 시작이 진중하고 구절의 끝마침을 되게 하여 마치 쇠망치로 내려치는 듯이 노래하는 반면, 서편제는 애절하고도 섬세하며 구슬픈 계면조界面調, 듣는 자가 눈물을 흘려 그 눈물이 얼굴에 금을 긋기 때문에 붙여진 이름의 소리를 가지고 있다. 동편제가 남성적이라면 서편제는 여성적이라 할 수 있다. 동편제 창시자 송흥록은 귀신의 울음소리인 귀곡성鬼哭聲의 대가였다고 전한다.

　고남산에서 통안재를 지나 유치재가 있는 매요리까지는 소나무 숲길에 마치 양탄자를 깔아놓은 듯 수월한 길이나 장마철 장거리를 산행한데다 고리봉 구간의 알바 영향으로 심신이 지치고 피곤하다. 매요리에서 오늘 산행을 접고 민박집에서 하루를 마감한다.

04 봉화산 붉은 철쭉은 '삼국 병사'들의 원혼인가

제4구간 유치재~사치재~새목이재~아막성터~복성이재~치재~
꼬부랑재~봉화산~광대치~월경산 갈림길~중재(중치)

산행 날짜 2014. 7. 11(토)
산행 거리 21.37km
산행 시간 14시간(06:50~20:50)

몸이 지친 탓에 좀 늦게 기상하여 아침 6시 50분, 매요리 삼거리에서 산행을 시작한다. 몸은 좀 지쳤지만 날씨가 좋은데다 전반적으로 표고가 그리 높지 않은 구간이어서 마음은 가볍다.

매요리는 지세가 말의 형국을 닮았다 하여 말 '마馬' 자와 허리 '요腰' 자를 써서 마요리馬腰里라 칭했다 한다. 그런데 임진왜란·정유재란이 끝나고 산천을 유람하던 사명당 유정惟政이 이곳에 당도하여 매화의 꿋꿋한 정기가 감도는 것을 보고 매요리梅要里로 개칭하는 것이 좋겠다 하여

현재의 이름이 되었다고 한다.

매요리부터 사치재까지는 편안한 트레킹 길

매요휴게소를 지나 유치재 삼거리로 가는 임도 초입 우측에 폐교된 초등학교 건물이 을씨년스럽게 남아 있다. 매요휴게소는 산꾼들에게 꽤 알려진 명소다. 주인 할머니는 '욕쟁이'로 소문이 나 있는데 본인은 욕쟁이가 아니라며 손사래 친다. 백두대간 두 번째 산행길에 이곳에 들러 산우들과 열무김치를 안주 삼아 막걸리를 먹은 기억이 있다. 하지만 오늘은 아침이라 그냥 지나친다. 곧이어 유치재 삼거리가 나오고 이정표에는 여원재 10.5km, 사치재 2.5km로 나와 있다.

소나무 숲속에 난 등산로는 비행기가 이륙하듯 서서히 618m 봉을 향해 고도를 높여간다. 등산이라기보다는 트레킹에 가까운 코스다. 이렇게 완만한 능선을 50여 분 오르내리다 보니 88고속도로가 지나는 사치재옛 이름 : 아실재에 도착한다. 당초 2차선 도로인 사치재는 현재 4차선 터널 공사가 한창이다.

　예전에는 88고속도로 우측으로 100m 정도 가면 도로 아래로 지나는 지하통로가 있었지만 터널 공사로 사라지고 말았다. 그래서 터널 서쪽(광주 방향) 끝 지점에서 88고속도로를 무단 횡단해야 한다. 아침 8시 10분, 도로를 지나자 그곳이 사치재임을 알리는 이정표가 나온다.

　이곳부터 헬기장이 있는 620m 봉까지는 급경사로 오늘 산행 중 가장 가파른 길이 이어진다. 게다가 등산로는 자라난 잡목과 억새가 뒤섞여 헤치고 나가기가 만만치 않다. 이곳은 10여 년 전에 산불이 나서 임야가 모두 타버렸다고 한다. 그 후 생태계는 복원되고 있지만 아직 숲을 이루기에는 요원해 보인다. 날씨는 무더운데다 잡목과 수풀 사이에 처진 거미줄에 눈과 입, 얼굴이 계속 걸려 짜증이 날 정도다.

　힘겹게 정상에 올라 주변 경관을 바라본다. 조망이 좋아 88고속도로 건너편으로는 어제 지나온 고남산이 보이고 바래봉, 덕두산으로 이어지는 지리산 서북 능선도 조망된다.

　이곳에서 40여 분 비교적 완만한 능선 길을 오르내리니 693m 봉이 나오고, 그곳에서 남서쪽을 바라보니 8부 능선 이상 운무에 가린 지리산 천왕봉과 주능선 자락이 눈에 들어온다. 길은 조금 더 완만하게 진행되다 내리막 안부에 도착한다. 새목이재다. 이정표나 표지석은 없다.

이곳에서 30여 분 더 진행하자 우측에 솟은 바위남근석가 나오고, 바위 바로 위쪽은 781m 봉이다. 정상에 올라서니 좌측으로는 장수군 번암면이, 우측으로는 남원군 아영면 성리 일대가 조망된다. 이곳에서 약 20여 분 거리인 아막산성阿幕山城 입구까지는 철쭉 군락지다. 봄이면 이곳과 건너편 봉화산 인근에 선홍빛 철쭉꽃이 만발한다.

신라와 백제의 치열한 격전지, 아막산성 터
그 아래 자락에 위치한 '흥부묘'

좌측으로 내려섰다가 다시 오르니 오후 1시 10분, 무너진 아막산성 터에 도착하니 좌측에 돌탑이 하나 서 있다. 오늘 능선은 표고 500m 이상의 고도를 유지하며 진행되는데 지나온 길은 삼국시대 백제와 신라의 국경이었으며 따라서 이 근방에는 아막산성 말고도 몇 개의 산성이 더 있었다고 한다.

둘레 633m인 아막산성은 1977년 전라북도 지방기념물 제38호로 지정되었다. 성에는 운성암雲城庵이라는 암자가 있었다고 하며, 서쪽 성벽은 비교적 잘 보존되어 있다.

아막산성을 지나 너덜길에 내려서자

복성이재 1.2km, 시리봉 2km, 흥부묘 0.7km라는 이정표가 반긴다. 이곳에서 숲길을 따라 30여 분 더 진행하니 시멘트 임도가 나오고 곧이어 오후 1시 40분, 복성이재(옛 이름 : 짓재고개)에 도착한다.

복성이재에서 남원 아영면 방향으로 751번 지방도를 따라 100여m를 내려가다 보면 우측으로 꺾이는 시멘트 임도가 나온다. 이 임도를 따라 10여 분 걸으면 오른쪽에 흥부묘가 나오는데 묘비에는 박공춘보선덕비朴公春甫善德碑라 쓰여 있다.

아영면 성리에는 '춘보'라는 이름이 옛날부터 전해 내려오고 있다고 한다. 주민들은 '춘보'를 흥부의 원형적 인물로 보고, 1940년까지 해마다 음력 9월 9일 마을제사인 '춘보제'를 지냈다고 한다. 그 이후 제사를 지내지 않았는데 1991년 '임세강'이라는 이름의 비석이 발견되어 주민들은 이 사람을 춘보로 추정하고, 1992년부터 다시 '춘보제'를 지내게 되었다는 것이다. 그 후 남원시 차원에서 매년 음력 9월 9일부터 이틀 동안 흥부제를 개최하고 있는데 올해로 22회째를 맞고 있다.

역사적 아픔과 흥부의 전설이 얽힌 복성이재를 뒤로하고 봉화산을

향한다. 복성이재에서 봉화산을 지나 중치까지는 12.5km다. 복성이재에서 치재로 향하는 좌측은 목장 지대로 다소 급경사지만 소나무와 떡갈나무 숲으로 그런대로 걸을 만하다.

오후 2시 5분, 매봉$_{712m}$에 올라 남쪽을 보니 아막산성과 지나온 대간 능선이 보이고, 북쪽으로는 오늘 진행해야 할 마루금이 마치 소의 등처럼 가파르지 않고 편안하게 이어져 있다. 매봉 주위에도 아막산성처럼 대규모 철쭉 군락지다. 어른 키가 넘는 철쭉나무 숲을 헤치고 봉화산을 향한다. 잡풀과 억새 등이 얽힌, 꼬부랑재와 다리재를 지나고 급경사를 올라 오후 4시 10분, 봉화산$_{919m}$ 정상에 도착한다.

만복대를 지나 큰고리봉$_{1,304m}$ 이후 30km를 걷는 동안 처음 만나는 고봉이다. 그런 만큼 조망이 좋고 예로부터 전략적 요충지여서 봉화대가 위치했다. 정상에는 정상석과 더불어 석제 봉수대와 철제로 만

든 봉화탑이 설치되어 있다. 이 일대도 억새와 철쭉이 혼재한 대규모 철쭉 군락지다.

아막산성과 봉화산 일대의 철쭉은 빛깔이 유난히 붉어 산이 훨훨 타오르는 듯한 착시를 일으킨다고 한다. 삼국시대 아막산성 전투에서 쓰러져간 젊은 병사들의 원혼이 그리 변했을지도 모르겠다는 상상을 해본다.

봉화산, 지나온 '백두대간의 여정'이 한눈에

봉화산 정상이 주는 큰 기쁨은 그동안 지나온 백두대간의 여정을 한눈에 볼 수 있다는 것이다. 이곳에서 남쪽으로 남원군 아영면, 인월면의 드넓은 들이 보이고 그 너머로 천왕봉~영신봉~삼도봉~반야봉으로 이어지는 지리산 주능선이 마치 거대한 병풍처럼 조망된다.

봉화산에서 870m 봉과 944m 봉, 936m 봉을 지나 급경사 내리막길을 1시간 40여 분에 걸쳐 오르내려 오후 6시 50분, 광대치에 도착

한다. 광대치에서 중치중재까지는 3.2km다. 어느새 어둠이 몰려와 헤드라이트 켜고, 광대치에서 깔딱 고개를 치고 올라가 약초시범단지를 좌회하여 월경산 삼거리에 도착한다. 이곳에서 우측으로 월경산까지는 직선으로 300여m의 오르막이지만 사실 월경산은 삼각점만 있을 뿐 표지도 없고 조망도 전혀 없다.

월경산에서 중치로 가는 초입은 급경사 내리막길이다. 대낮 같으면 언뜻언뜻 건너편 함양 백운산1,279m이 모습을 드러낼 터이지만 밤이라 볼 수 없다. 중치에 이를수록 잣나무로 보이는 침엽수림이 하늘로 쭉쭉 뻗어 있고 단풍나무인 듯한 낙엽송들이 군락을 이루고 있다.

중치에 도착하니 칠흑 같은 어둠이 내린 저녁 8시 50분이다. 중치의 우측은 함양 중기마을이고 좌측은 장수 지지마을이다. 이곳 중치는 마루금 자체가 편편하여 지지계곡 초입에서 들려오는 물소리를 벗 삼아 대간 첫 텐트를 친다. 장기레이스에 적응할 수 있도록 하루 빨리 몸을 적응시키는 것이 중요하다고 생각하며 자리에 눕는다.

내일은 육십령에서 외대산악회 OB들이 나를 격려하러 오는 날이다. 회원들에게 힘든 모습을 보이기보다는 초연한 모습을 보이자고 스스로에게 다짐한다.

05 힘내자! 육십령이 기다린다

제5구간 중치~중고개재~백운산~선바위~영취산~
　　　　덕운봉 갈림길~민령~깃대봉~육십령

산행 날짜 2014. 7. 12(토)
산행 거리 19.10km
산행 시간 10시간 5분(07:10~17:15)

　새소리에 깨어 지지계곡 초입으로 내려가 얼굴을 씻고 간단히 조식을 한 후 7시 10분, 산행에 나선다. 중치에서 중고개재까지는 1.8km, 백운산 정상까지는 2.5km다. 숲 사이사이로 따가운 여름 햇살이 쏟아진다. 바람이 없고 무더운 전형적인 여름 날씨다.

첫 비박 후 백운산을 향해

　하지만 오늘 산행에 신이 나 있다. 외대산악회 선후배들이 육십령을 출발하여 나를 마중하러 오기 때문이다. 그곳이 덕운봉 갈림길이 될지, 영취산 인근이 될지는 알 수 없으나 시집 가는 새색시마냥 마음이 들떠 있다. 이들과 상봉지점에서부터 육십령까지 산행을 같이 한다고 생각하니 감개무량하고 가슴이 자꾸 쿵쾅거린다.

　중치에서 백운산까지는 거의 550여m 이상의 고도를 높여 나가야 한다. 가파른 언덕을 치고 서서히 50여 분 올라가니 중고개재에 이른다. 우측은 함양 중기마을로 이어지고, 대간 길은 직진이다.

　이곳에서 계단과 급경사로 된 2.5km 구간을 1시간 30분가량 힘겹

게 올라 오전 9시 40분, 백운산1,278.6m 정상에 도착한다. 정상에는 우뚝 선 정상석과 백운산 안내도가 있다. 한자로 흰 '白'에 구름 '雲' 자를 쓴 백운산은 전국에 부지기수다. 이 중 한국의 100대 명산에 드는 산으로 광양 백운산, 영월 백운산, 포천 백운산 3곳이 있는데 그 많은 백운산 중에서 함양의 백전면과 장수군 번암면에 걸친 이 산이 제일 높다. 백운산 동쪽 사면의 물은 남강의 지류인 남계천灆溪川이 되고, 서쪽 사면으로 흘러내린 물은 섬진강의 지류인 요천蓼川이 되어 섬진강과 낙동강의 분수령이 된다.

백운산에서 선바위고개까지는 2.9km이며 초입은 급경사 내리막이다. 이제 서서히 대간 길에 익숙해지는 모양이다. 이런 내리막보다는 깔딱 고개가 더 좋게 느껴진다. 내리막 등산로 숲은 참나무가 주류를 이루고 있으며 어느 정도 경사를 내려서자 등산로 좌우로 산죽이 가지런히 도열하여 길을 안내한다.

오전 11시 10분 선바위고개에 이를 무렵, 반대편에서 오는 사람 소리가 들린다. 말소리가 가까워질수록 익숙한 어투다. 말소리의 주인공은 40여 년 전 외대산악회에서 함께 바위를 오르던 임창서 선배와 우용택·제갈무영 후배 3명이다.

특히 2년 선배인 임창서 형은 그동안 산악회 모임에 별로 얼굴을 내밀지 않던 분인데 이렇게 나를 마중해 주니 감격이 더 컸다. 그러나 언제나 침을 튀기면서 열정적으로 얘기하는 스타일은 변함이 없었다.

외대산악회 선후배와 조우

우리 4명은 11시 30분, 영취산1,076m에 도착한다. 영취산은 인도의 영취산과 산 모양이 닮았다고 하여 이름이 연유되었다고 한다. 영취산은 금남·호남정맥이 백두대간에서 갈라지는 분기점이 되는데 무룡고개를 지나 장안산1,237m을 일으켜놓았다. 그래서 '대동여지도'에서는 백운산보다 영취산이 더 뚜렷하고 중요하게 나타나며, 『신증동국여지승람』(장수 편)에도 영취산을 장수의 진산鎭山으로 표시하고 있다.

영취산을 지나 낮 12시쯤, 점심을 함께했는데 메뉴가 그야말로 황

홀경이다. 잘 얼린 막걸리, 과일, 그리고 먹고 싶던 빵까지 그야말로 완벽했다. 어젯밤 비박했음을 감안하면 이보다 더 좋은 보약이 어디 있겠는가? 특히, 막걸리는 보냉(保冷)을 잘하여 얼음이 떠 있을 정도였는데 후배 제갈무영으로부터 한잔 받는 순간 눈물이 핑그르 맺힐 뻔했다.

진수성찬의 점심을 마치고 덕운봉 갈림길에 도착하니 12시 50분이다. 백운산에서 영취산까지는 산죽이 많은데 영취산 지나서도 산죽을 수시로 볼 수 있다. 덕운봉 갈림길에서 대간 길은 이곳에서 왼쪽으로 내리막이다. 고개를 들어 하늘을 보니 파란 하늘에 솜사탕 형태의 하얀 구름이 여기저기 박혀 있다.

이곳에서 942.8m 봉까지 산죽을 따라 내려섰다가 다시 오르면 977.1m 봉에 도착한다. 누군가 이곳을 '북바위'라고 표시해 놓았다. 삼국시대 때 백제와 신라의 국경선이었던 이곳 일대에서는 전투가 잦았는데 승리를 한 쪽에서 '북을 쳤다' 해서 그렇게 유래되었다고 한다.

이제 977.1m 봉을 지나 민령을 향한다. 우리 4명 일행은 옛 산악회 시절의 추억담과 현재 살아가는 이야기들을 나누며 시간 가는 줄 모른다. 그런 가운데 3시 15분, 민령에 도착한다. 민령은 '밋밋한 고개'라는 이름에 어울리듯 밋밋하지만 숲이 우거져 있어 대간꾼들의 쉼터

역할을 하고 있다.

논개의 의기義氣 서린 민령을 지나며

민령의 좌측 사면 장수군 장계면 대곡리에는 논개의 생가 터가 있다. 주논개朱論介는 선조 7년1575년 9월 3일 대곡리 주촌 마을에서 훈장 주달문과 밀양박씨 사이에서 태어났다. 천품이 영리하고 자태가 아름다웠으며, 임진왜란 당시 나라가 위태로워지자 19세의 꽃다운 나이로 진주 남강에서 나라와 부군夫君의 원수 왜장 게야무라 후미스케를 껴안고 투신 순절한 민족의 혼이다. 민령의 우측 함양군 서상면 금당리에 논개의 묘가 있다. 남강에 투신하여 순절한 날을 추모하고 충절을 널리 선양하기 위하여 매년 음력 7월 7일 유림에서 추모제를 지낸다고 한다.

민령에서 깃대봉구시봉까지는 1.4km로 약 40여 분 걸린다. 깃대봉 유래 역시 옛 신라와 백제 국경지역이었던 이곳에 군사들이 깃대를 꽂았던 데서 유래했다고 한다. 깃대봉 조금 못 미쳐 아래로 통영대전중부고속도로 육십령 터널이 지나는 바람에 우측으로는 자동차 소음이 시끄럽다.

깃대봉에서 육십령六+嶺 휴게소에 이르는 3.0km 내리막 구간을 산책하는 기분으로 느긋이 내려오니 오후 5시 15분이다. 해발 734m인 육십령은 경남 함양군 서상면과 전북 장수군 장계면의 경계를 잇고 있으며, 예전에는 육십현六+峴 또는 육복치ㅅㅏ峙라 불리기도 했다.

육십령이라는 지명 유래에 대해서 세 가지 설이 전해진다. 하나는 안의와 장수 읍치에서 고개까지 거리가 60리라는 것이고, 두 번째는 60개의 작은 구비를 넘어와야 육십령에 이른다는 설이다. 마지막으로는 이 고개가 험하여 도적이 많은 탓에 장정 60명이 함께 넘어가야 무사히 넘을 수 있어 육십령이라 했다는 것이다.

육십령에 도착하여 창서 형은 서울로 떠나고 남은 우용택·제갈무영 그리고 새롭게 합류한 조동식이 모여 쇠고기·삼겹살 등에 약간의 술로 회포를 푼다. 여느 때 같으면 밤새 술을 마셨겠지만 모두 나의 내일 산행을 염려하는 기색이 완연하여 적당한 시점에서 끝을 맺는다.

당초 육십령에서 하루 휴식을 갖기로 했으나 고등학교 동기산악회인 오사산우회가 7월 13~14일 '삿갓재 대피소'로 격려차 온다고 하여 그때 휴식을 갖기로 한다.

06 덕유산,
그 넉넉한 품에 이틀 머물다

제6구간 육십령~할미봉~덕유교육원~서봉~남덕유산~
월성재~삿갓봉~삿갓재 대피소

산행 날짜 2014. 7. 13(일)~14일(월)
산행 거리 11.88km
산행 시간 9시간 35분(07:10~16:45)

아침 7시 10분, 육십령에서 산행에 나선다. 오늘 산행 멤버는 어제 서울로 간 임창서 선배를 제외한 3명이다. 후배 우용택·제갈무영은 오늘 육십령에서 남덕유산까지 7.9km를 함께 산행하기로 했다. 날씨는 잔뜩 찌푸린 가운데 안개비가 부슬부슬 내리지만 마음만은 든든하다.

또한 오늘 삿갓재까지 산행이 끝나면, 내일은 보고 싶은 오사산악회 고교 동기 멤버들을 이곳 대피소에서 볼 수 있고, 또한 오늘과 내일 2박하며 모처럼의 휴식을 갖는다고 생각하니 힘이 절로 솟는다.

등산로는 새벽에 내린 비로 질척거리고, 암릉 지대는 미끄러워 산행에 조심을 기한다. 암벽 등반 경험이 많으며 대간 길에도 익숙한 제갈무영이 선두가 되어 우리를 안내한다.

환상적인 할미봉 아래 구름바다

육십령에서부터 할미봉 1,026.4m 정상까지는 2.1km의 구간이지만 약 300여m의 고도를 높여야 하기 때문에 예상보다 체력소모가 많고 시간이 많이 걸린다. 특히, 할미봉 정상 0.7km 이정표 구간부터는 경사가 더해 8시 15분, 할미봉에 도착한다.

할미봉 도착할 무렵부터 비가 서서히 개기 시작하여 발 아래 펼쳐진 구름바다는 가히 환상적이다. 뒤를 돌아 남서쪽을 보니 멀리 함양 괘관산과 지리산, 그리고 정면에 어제 지나온 깃대봉과 오른쪽으로는 멀리 장안산이 구름 위로 섬처럼 떠 있다. 또한 북쪽으로는 서봉$_{1,492m}$과 그 너머 남덕유산$_{1,508m}$이 운해 속에 치솟아 선경을 자아낸다.

할미봉 옆에는 기암괴석과 '대포

바위' 안내판이 보이고 그 옆에 실제 대포처럼 생긴 바위가 우뚝 서 있다. 임진왜란 당시 왜군이 진주성을 차지하기 위해 육십령을 넘던 중 이 바위를 보고 큰 대포인 줄 알고 도망쳐 여원재로 선회하는 바람에 장수 장계지역이 화를 면했다는 이야기가 전한다. 또한 남자의 성기와 비슷하여 남근석이라고도 불리는데 옛날부터 사내아이를 갖지 못하는 여인들이 이 바위에 절을 하고 치마를 걷어 올린 채 소원을 빌면 사내아이를 얻었다는 이야기도 전해지고 있다.

할미봉에서 덕유교원 삼거리까지는 2.7km 구간으로 초입 100여m는 급경사 내리막 구간이다. 폐타이어를 이용해 계단을 만들어놓았는데 경사가 워낙 심해서 아찔하다.

교원 삼거리에서 서봉까지는 1.9km지만 표고 500m를 치고 오르는 힘든 암릉 구간이다. 더욱이 오늘같이 비가 온 날은 위험이 배가되어 더욱 조심해야 한다. 11시 25분, 힘겹게 서봉 정상에 오른다. 서봉의 위용은 늠름하여 장수군 사람들은 이곳을 '장수덕유산'으로 부르기도 한다. 이제 구름도 거의 걷히어 사방의 조망은 거침이 없다. 뒤로는 지나온 할미봉이, 앞으로는 남덕유산 정상과 멀리 향적봉과 백두대간 능선이 일망무제로 조망된다.

서봉에서 남덕유산까지는 1.2km로 급격한 철계단 내리막이다. 안부를 지나 다시 급경사 오르막을 힘겹게 치고 올라 12시 35분, 남덕유산 정상에 도착한다. 남덕유산은 덕유산의 최고봉인 향적봉 남쪽에 위치한 덕유산 제2봉이다. 서봉의 맞은편에 있어 동봉이라고도 부르며 이곳 아래 참샘은 주논개의 충절이 흐르는 남강의 발원지이기도 하다. 산기슭에는 신라 헌강왕[876년] 때 심광대사가 창건한 영각사가 있다.

남덕유산에서 월성재까지는 1.3km 지만 표고 250m를 계속 내려가야 하는 급속 내리막 구간이다. 폐타이어 계단과 급경사 암릉 구간을 조심스럽게 내려서 오후 2시 35분, 월성재에 도착한다. 아침부터 함께한 우용택·제갈무영은 이곳에서 '우정산행'을 마감한다. 두 사람이 월성재에서 황점으로 내려가면 대기하고 있던 조동식 동기가 픽업할 것이다.

작별인사를 나누고 다시 혼자되어 삿갓봉으로 향한다. 월성재에서 삿갓봉까지는 250여m 고도를 치고 올라서야 한다. 삿갓봉을 거쳐 내리막길을 한참 걸어 삿갓재 대피소에 도착하니 오후 4시 45분이다.

삿갓재 대피소에서 하루 쉬며 산행 방식 재점검

오늘 구간은 난이도로 보자면 속리산 구간과 함께 백두대간 전체 구간 중 다섯 번째 안에 드는 구간이다. 해발 1,000m가 넘는 고산 봉우리가 4개 있는데다 표고 차가 심하게는 500여m에 이르는 암릉 구간이다. 그런 점을 감안하더라도 평소에 비해 시간이 많이 걸린 것은 오전에 내린 비로 바윗길이 미끄러워 '돌다리 두드리고 건너듯' 조심스레 걸었기 때문이다.

삿갓재 대피소에서 뒷날인 14일 오전 10시까지 휴식을 취하면서 지금까지 진행해 온
길을 되새겨보며 앞
으로의 산행 전략을
수정한다. 차질 없는
일시종주가 목표인
만큼 그동안의 시행
착오를 반추하며 산행전략을 과감하게 바꾸기로 한다.

 산행을 처음 시작하면서 나는 세 가지 원칙을 정한 바 있다. 잠자리
는 산장대피소를 이용하거나 텐트를 치고 불을 사용하지 않으며 먹거
리는 건조식품으로만 해결한다는 것이 그것이다. 그런데 막상 산행을
진행하다 보니 중간기착지에 데포짓보관 17곳 시켜놓은 건조식량만으로
는 한계가 있었다. 계속해서 건조식품만 먹다 보니 뱃속에서 받아주
지 않는데다 그것만으로 여름철 체력소모를 보충하는 데는 한계가 있

음을 알았다.

 그래서 앞으로 잠자리는 대피소 또는 민박을 이용하고, 먹거리는 기존 데포한 것과 동료로부터 지원받은 밥을 중심으로 하여 다양한 먹거리와 계절 과일을 섭취키로 하였다. 또한 스마트폰에 '밴드'를 개설하여 그동안 소통 못한 지인들과 모든 이들에게 적극적으로 안부를 주고받기로 마음먹었다.

 이렇게 마음을 정리한 후 오사산악회 강종욱 회장, 백순열 총무, 정영준 회원을 맞으러 12시 30분, 삿갓재 대피소에서 거창 황점을 향해 출발한다. 이들 3명은 2004년 6월부터 2006년 10월까지 내가 첫 번째 백두대간을 종주할 때 함께한 멤버 8명 중 일부다.

 이들을 픽업하여 오후 5시 40분, 다시 삿갓재 대피소로 돌아와 동기들이 준비해 온 위스키와 삼겹살로 지난 우정을 되새기며 여름밤 황홀한 만찬을 즐긴다.

07 비단결처럼 고운 길
덕유평전

제7구간 삿갓재 대피소~무룡산~동엽령~백암봉~횡경재~
지봉~원음재~대봉~갈미봉~빼재

산행 날짜 2014. 7. 15(화)
산행 거리 18.80km
산행 시간 8시간 55분(07:00~15:55)

아침에 일어나니 날씨가 잔뜩 흐리다. 대피소 아래 샘물에서 물을 보충한 후 아침 7시 어제 대피소에서 함께 밤을 보낸 백순열·강종욱·정영준 등 오사산우회 친구들과 산행에 나선다. 친구들이 함께 동행한 데다 어제 하루 충분한 휴식을 취한 후라 발걸음은 가볍다. 하지만 늘 안전산행을 염두에 두고 한 걸음 한 걸음 긴장을 늦추지 않는다.

오사 산우야 고맙다, 오래도록 함께 산에 다니자!

무룡산舞龍山으로 가는 길은 흐린 날씨 탓에 조망은 없다. 등산로는 육산에 가까워 걷기에 편하지만 일부 구간은 계속된 비로 진흙탕이 되어 있다. 주위에는 나리꽃, 참취꽃, 쑥부쟁이 등 여름 야생화가 한껏 생기를 품고 길손을 환영한다. 이러한 길을 40여 분 진행하고 나니 무룡산 올라가는 계단 앞에 도착한다. 정상으로 구불구불 이어지는 아득한 나무계단을 올라 7시 55분, 무룡산$_{1,492m}$에 도착한다.

무룡산은 거창군 북상면 산수리와 무주군 안성면 죽천리 사이에 위치한 산으로, 산의 동쪽 사면에는 산수계곡이 있다. 조선시대에는 불

영봉佛影峰, 불영산佛影山으로 불렸다고 한다.

무룡산에서 약 50여 분에 걸쳐 1,428 봉을 지나 1,433 봉에 도착한다. 이곳 이정표에는 남덕유산 8.6km, 향적봉 대피소 6.2km라고 나와 있다. 산객들의 소원을 비는 돌무더기가 있는데 거의 무룡산~동업령 중간 지점인 듯하다. 이곳에서 조금 더 직진하여 좌측으로 내려가면 칠연폭포가 있다. 1,433m 봉에서 40~50m에 이르는 표고를 오르내리며 산죽과 싸리나무 무성한 등산로를 따라 오전 10시 30분, 동업령同業嶺에 도착한다.

해발 1,320m인 동업령은 무주군 안성면 공정리 통안에서 거창군 북상면 월상리로 넘어가는 고개다.『한국지명총람』에 의하면, '이 고개에서 동업령까지는 망봉1,046m을 지나고도 가파른 경사면을 지나야 하므로 높고 멀어서 혼자는 못 가고 여럿이 모여야만 올라갈 수 있었다'고 전한다. 동업령 인근에는 원추리가 군락을 이루고 있다.

동업령에서 20여 분 진행하여 1,327m 봉을 지나고, 그곳에서 30여 분 더 진행하여 백암봉1,503m에 도착한다. 시계를 보니 오전 11시다. 이곳은 송계 삼거리라고도 부르는데 좌측으로 2km 진행하면 중봉을 거쳐 덕유산 최고봉인 향적봉1,614.2m에 도착하고, 우측으로 진행하면 백

두대간 귀봉1,390m을 지나 횡경재에 도착한다.

삿갓재 대피소에서 이곳까지 8.2km를 함께한 오사산악회 동기들과 아쉬운 작별을 해야 할 시간이 되었다. 불원천리 머나먼 길을 달려와 함께 1박 하고 아침부터 우정산행을 한 백순열·강종욱·정영준과 뜨겁게 악수를 나누며 나의 '안전산행 완주산행'을 기원한다.

친구들은 향적봉을 향해 좌회하고, 나는 돌멩이 하나 없는 푹신한 등산로를 따라 귀봉을 거쳐 12시 10분, 횡경재에 도착한다. 횡경재 오른쪽은 송계사 수유계곡으로 내려가는 길이고, 왼쪽은 백련사를 거쳐 구절양장 무주구천동으로 내려가는 길이다.

횡경재에서 다소의 된비알을 올라 약 1시간 정도 진행하여 오후 1시 10분, 지봉池峯, 1,343m에 도착한다. 오락가락하던 비가 잠시 그쳐 좌측으로 멀리 향적봉과 무주리조트 모습이 보인다. 지붕에 연꽃이 피는 못이 있었다고 해서 못봉이라고도 부르는데 그곳에서 연못의 흔적은 찾을 길이 없다.

이제 못봉을 조금 지나 삼각점이 있는 1,302m 봉에 도착하고, 이곳

에서 30여 분 내리막길을 진행하여 월음재일명 달음재에 도착한다.

이곳 월음재에서 다시 오르막과 내리막을 반복하여 오후 2시 5분, 대봉에 도착한다. 대봉에서 건너편의 갈미봉까지는 1.0km이나 거의 V자형으로 한참 내려간 뒤 약 200여m에 이르는 경사면을 치고 올라야 한다. 오후 2시 40분, 급기야 '백두대간 갈미봉$_{1,211m}$'이라는 표지목이 있는 정상에 도착한다.

이제 빼봉$_{1,039m}$에 오를 차례다. 갈미봉보다 해발 고도가 200여m 정도 낮아 수월할 것으로 기대했는데 내리막길이 길게 이어지다가 헬기장을 지나 서서히 오르막이 시작된다. 생각보다 힘들게 빼봉에 올라 잠시 호흡을 가다듬은 후 오늘의 산행 종착지인 빼재로 향한다.

신풍령 휴게소에서 두 번째 비박

빼봉에서 빼재까지는 전체적으로 내리막 구간이어서 곧 도착하겠지 하고 내려가면 작은 봉우리가 나오고 그 봉우리를 넘으면 또 작은 봉우리가 나타난다. 그렇게 걷다 보니 급기야 37번 국도가 보이고, 이동통신 기지국을 지나 오후 3시 55분, 빼재신풍령에 도착한다.

빼재는 무주군 무풍면과 거창군 고제면을 잇는 고개로 한자로는 빼어날 '수秀' 자를 써서 수령秀嶺이라고도 한다는데 실제로 이곳에서 거창 쪽으로 보이는 시계는 압권이다. 날씨가 좋을 때면 동남쪽의 가야산을 비롯해 남쪽의 시루봉과 호음산, 남서쪽의 금원산, 기배산 일대의 산군이 첩첩으로 조망된다고 한다.

삼국시대 때 이곳이 신라, 고구려, 백제 3국의 군사적 요충지로 수많은 전사자들의 뼈가 묻혀 빼재가 되었다는 설이 있는가 하면 임진왜란 때 이곳 주민들이 왜구와 싸우면서 산짐승을 많이 잡아먹었는데 이 짐승들 뼈가 수북이 쌓여 빼재가 되었다는 설도 있다.

신풍령新風嶺이라는 새 이름은 1997년 무주에 무주·전주 동계유니버시아드를 유치하면서 새로운 바람을 일으켜보자는 취지에서 그렇게 부르게 되었다고 한다.

빼재에 도착해 생각해 보니 어느새 참 많이 왔다는 생각이 든다. 지리산권, 넘덕유산권을 지나 이제 삼도봉을 눈앞에 두고 있다. 폐업한

신풍령 휴게소와 주유소 사이에 데포짓 해두었던 물건을 찾아보니 다행히 이상이 없다.

폐업한 휴게소와 주유소 사이는 비바람을 막아주는 요새 같아서 오늘은 이곳에서 예정대로 비박하기로 한다.

08 모처럼 맑은 하늘, 마음은 벌써 삼도봉에

제8구간 빼재(신풍령)~수정봉~삼봉산~소사고개~초점산~
대덕산~덕산재~신황당재~부항령

산행 날짜 2014. 7. 16(수)
산행 거리 20.7km
산행 시간 11시간 30분 (07:00~18:30)

아침 7시 산행 들머리인 빼재를 출발하여 수정봉으로 향한다. 아침 햇살로 보아 바람 한 점 없고 무더운 날씨가 될 것 같다. 등산로는 가파른 나무계단과 돌계단을 올라 오른쪽으로 이어진다. 동남쪽을 향하던 대간 길은 '거창봉산리' 갈림길에서 좌측으로 꺾인다. 대간 길은 좌측 편 전북 무주와 우측 편 경남 거창의 경계로 점점 고도를 높여간다. 전망 좋은 바위가 있어 확 트인 산줄기들과 마을들을 조망하며 오전 7시 40분, 수정봉을 지난다.

오늘 구간은 전형적인 육산 지대지만 잡풀과 잡목이 무성하여 어려움이 느껴진다. 등산로를 찾기에는 별 어려움이 없지만 사람 왕래가

거의 없는 탓에 거미줄이 얼굴과 눈, 코 등에 수시로 걸려 신경이 쓰인다. 수정봉에 오르니 지나야 할 삼봉산 줄기가 뚜렷이 보인다.

전망 좋은 삼봉산, 첩첩 쌓인 산군들 '연꽃 모양'

수정봉 내리막길 안부 삼거리에서 산죽 길을 따라 좌측 방향으로 진행하여 된새미기재와 호절골재를 지나 삼봉산 능선을 치고 올라간다. 빼재 3.6km, 금봉암 0.7km, 삼봉산 0.6km라는 이정표가 나오고 9시 45분, 삼봉산$_{1,254m}$에 도착한다. 정상 돌무덤 위에는 '거창산악회'에서 '德裕三峯山'이라고 새겨놓은 표지석이 있고, 바로 옆 삼각점이 있다. 사면은 조망이 확 트여 멀리 첩첩이 쌓인 산군들이 흡사 연꽃 모양 같다.

이제 삼봉산을 뒤로한 채 소사고개 방향으로 향한다. 위험한 암릉 구간을 지나 좌우가 낭떠러지인 다소 위험하지만 호젓한 능선을 지난다. 지나온 능선과 가야 할 대간을 이어주는 마을과 그 뒤편 능선이 한눈에 들어온다. 여기서 조금 내려가니 삼봉산 0.8km, 소사 2.1km 이정표가 있는 오두재 갈림길이다. 대간 길은 오른쪽 소사소개로 방향을 선회하여 급경사 내리막으로 길게 이어진다. 장마철이라 땅이 젖어 미

끄러운 구간이 많다.

안부까지 내려와 조금 더 진행하니 농장 철조망이 나오고 철조망 사이로 대간리본이 만장처럼 달려 있다. 이곳에서 10여 분 진행하니 고랭지 채소밭으로 이제 막 싹을 틔운 어린 채소들이 푸릇푸릇 자라고 있다. 대간 마루금 양옆을 무분별하게 개발해 놓은 데다 대간 표시기도 없어 어디가 대간 길인지 분명하지 않다.

4~5m의 언덕 아래로 추락, 다행히 부상은 면해

한여름 따가운 햇볕을 막아줄 나무가 없다 보니 주의력이 급격히 떨어진다. 이런 상황에서 갑자기 중심을 잃는 바람에 오른쪽 4~5m 언덕 아래로 굴러떨어지고 말았다. 순식간에 벌어진 일이라 어안이 벙벙하고 정신이 혼미하여 일어날 생각조차 잊어버렸다. 잠시 후 충격에서 벗어나 가까스로 몸을 추스르고 일어섰다. 다행히 추락한 곳이 푹신한 밭이어서 부상은 면했으나 십년감수했다. 이곳에 안전한 마루금의 통로가 만들어졌으면 한다.

이곳에서 시멘트 도로를 따라 내려가 거창과 무풍을 잇는 1,089 지방도가 지나는 소사고개에 11시 20분 도착한다. 소사고개의 옛이름은 도마치都麻峙인데 잔모래가 많다고 하여 소사마을 또는 소사고개로 불린다고 한다.

　잠시 휴식을 취한 후 건너편 백두대간 안내판 옆 등산로를 따라 초점산으로 향한다. 직진하여 산모퉁이를 지나니 묘 10여 기가 나오고, 묘지 사이로 등산로가 이어진다. 다시 고랭지 채소밭으로 난 좁은 길을 지나 시멘트 길로 이어지고 좌측으로 올라가는 등산로가 보인다. 산모퉁이를 돌아 나가니 다시 시멘트 농로로 이어지고 직진 방향으로 초점산 정상의 모습과 비닐하우스 농장이 보인다. 시멘트 도로를 따라 더 직진하니 '백두대간 대덕산, 삼도봉 등산길입니다' 하는 안내판이 나오고 등산로는 우측 오르막으로 이어진다.

　이곳에서 초점산까지는 표고 차가 300여m 이상인 급경사 오르막이다. 빗물 같은 땀방울을 쏟으며 소사 2.8km, 초점산 0.4km라고 적힌 이정표에 도착하니 지나온 소사마을의 집들과 무분별하게 조성된 고랭지 채소밭이 보인다.

　다시 가파르게 이어지는 오르막 경사를 지나 오후 1시 30분, 초점산 1,249m 정상에 도착한다. 거창군에서 세워 놓은 초점산 정상석이 있고, 그 앞에는 자그마하게 '초점산 삼도봉'이라고 쓴 표지석이 정상석에 기대어 놓여 있다. 초점산 동쪽은 경북 김천시, 서쪽은 전북 무주군, 남쪽은 경남 거창군과 이웃하고 있어 삼도봉으로도 불린다. 매년 이웃한 주민들이 모여 화합을 기원하는 산신제를 지내며 친목을 다지고 있다.

　정상에서 조망이 좋아 지나온 소사마을 건너

편으로 삼도봉 암릉이 보이고, 북쪽으로는 가야 할 대덕산 능선이 완만한 구릉을 이루며 펼쳐져 있다.

대간 길은 정상에서 북서쪽으로 이어진다. 낮은 잡목 사이로 내려와 안부에 도착하여 다시 임도처럼 넓고 편안한 산죽 길을 따라 오후 2시 20분, 대덕산1,290.9m 정상에 도착한다.

정상에는 김천시에서 세워놓은 정상석과 안내판이 있다. '대덕산'이라는 명칭은 산에 인접한 마을에서 많은 인물과 부자가 배출됐고 이것이 모두 산의 복덕을 받은 것이라 여긴 것에서 유래되었다고 한다. 대덕산은 산 모양이 모자처럼 생겨서 '투구봉'이란 이름도 갖고 있으며, 다락산多樂山으로도 불리는데 다락은 집이나 건물의 가장 높은 곳을 가리키는 사투리로 일대에서 가장 높고 큰 산이란 의미가 담겨 있다. 대덕산 서쪽 계곡의 물은 금강의 발원지요, 해발 980m 지점 동쪽 방아골 암벽에서 떨어진 얼음폭포는 낙동강의 발원지다.

정상에서 내려와 조그만 봉우리를 하나 넘으니 급한 내리막길이 지그재그로 이어지고 넓은 산죽 밭과 희귀한 나무들이 보인다. 이어 산죽 사이로 난 오솔길로 한참을 내려가자 얼음골 약수터가 반긴다.

'사랑 하나 풀어 던진 약수터에는 바람으로 일렁이는 그대 넋두리가 한 가닥 그리움으로 솟아나고….'

이렇게 적힌 안내문이 더위에 지친 산객의 마음을 위로한다. 이 약수터는 탄산과 유황 성분이 섞여 있을 뿐만 아니라 이가 시릴 정도의 찬 물맛으로 유명하다. 가뭄에도 마르지 않는다고 한다.

약수터에서 조금 더 내려오니 오른쪽으로 물 흐르는 소리가 요란하다. 현 위치 번호 표시목덕산재-대덕산 1-3이 있고, 오른쪽 계곡에 폭포수가 시원하게 쏟아지는데 낙동강 발원지인 얼음폭포다.

완만한 경사에 이어 가파른 계단을 지나 오후 3시 45분, 덕산재德山峙에 도착한다. 해발 644m인 덕산재는 김천 대덕면 덕산리와 무주군 무풍면 금평리를 연결하는 30번 국도가 지난다. 이곳에서 무주 설천면으로 가면 옛 신라와 백제의 경계 관문이었다고 하는 나제통문羅濟通門이 나온다. 높이 5~6m, 너비 4~5m, 길이 30~40m의 암벽을 뚫은 통문이다.

경상도와 전라도를 잇는 최북단 고개 '부항령'에서 산행 마감

덕산재 고갯마루에는 잘 조성된 공원과 함께 거대한 백두대간 표지석이 있다. 이 정표에는 부항령 5.2km, 삼도봉 12.6km라고 나와 있다.

이제 성황당재를 향해 도로 건너편 폐업한 휴게소 뒤편으로 산행을 시작한다. 통나무로 지지해 놓은 계단을 올라 동쪽으로 이어지던 등산로는 833.7m 봉에서 좌측으로 90도 꺾여 내려간다.

김천시에서 세워놓은 부항령 4.2km, 삼

도봉 11.6km 이정표를 지난다. 해발 800m가 넘는 곳이지만 바람 한 점 없다. 낙엽송 숲을 따라 오솔길을 걷던 등산로는 급경사 오르막을 한참 올라가 853.1m 봉에 닿는다. 정상에는 '무풍 413' 삼각점과 나무 의자 2개와 덕산재 3.5km, 부항령 1.7km 이정표가 서 있다. 서쪽으로 무주 금평리 마을이 내려다보인다.

부항령 800m를 앞둔 지점에서 작은 봉우리 두세 개를 오르내려 오후 6시 30분, 부항령에 도착한다. 이끼가 끼어 있는 조그마한 자연석 돌비석에는 '680m 백두대간 부항령釜項嶺'이 새겨져 있고, '부산 낙동산악회'에서 나뭇가지에 달아놓은 푯말이 보인다.

부항령은 백두대간 고개 중 경상도와 전라도를 잇는 최북단 고개다. 부항이란 지명은 고개 동쪽의 마을 형국이 풍수지리상 '가마솥 같이 생겼다' 하여 '가매실' 또는 '가목'이라 하였다가 한자로 부항釜項이 되었다고 한다. 부항령 아래로는 1,089번 지방도 삼도봉 터널이 지난다. 이곳에서 어김없이 지원 나온 조동식과 합류한다.

09 삼도봉에서 완주를 기원하다

제9구간 부항령~백수리산~박석산~삼도봉~심마골재~밀목재~화주봉~우두령

산행 날짜 2014. 7. 17(목)
산행 거리 18.70km
산행 시간 9시간 55분(07:40~17:35)

아침에 기상하니 가는 비가 내리고 있다. 피곤이 누적된 탓인지 기상 후에도 몸은 여전히 무겁다. 오전 7시 40분, 비를 맞으며 부항령을 출발해 백수리산으로 향한다. 첫 산행 목표인 967m 봉까지는 가파른 오르막이다. 오른쪽에 외줄로 난 대간 길을 10여 분 오르자 부항령 0.8km라고 적힌 이정표와 쉼터의자가 있다.

이어지는 오르막과 내리막을 따라 30여 분 진행하니 삼거리가 나타난다. 왼쪽 통나무 계단을 따라 힘겹게 올라가 967m 봉에 도착한다. 찌푸린 하늘 가운데서도 지나온 능선들이 희미하게 전망되며, 저 아래 평온하게 자리 잡은 무풍마을도 눈에 들어온다. 이곳에서 10여 분 정도 더 올라 오전 8시 55분, 헬기장이 있는 백수리산1,034m에 도착한다. 정상에는 김천 산우들이 세워

놓은 세로로 뾰족한 정상석이 있다.

저 멀리 가야 할 능선들과 박석산1,170.6m이 흐릿하게 보인다. 하지만 비가 온 탓에 몸이 무거워 박석봉까지의 2.7km 구간이 멀게만 느껴진다. 가파른 내리막을 내려와 973m 봉을 넘고, 지긋이 이어지는 오르막을 계속 치고 올라가 박석산이라고 하는 1170.6m 봉에 오른다. 주변에는 잡목이 우거져 있어 아무것도 조망되지 않는다. 시간을 보니 오전 10시 35분이다.

박석산에서 삼도봉까지는 3.0km다. 우측으로 꺾인 미끄러운 급경사를 내려가니 평평한 곳에 한가롭게 자리 잡고 있는 나무계단과 억새지대가 나온다. 노랗게 핀 원추리 하나가 외로운 산객의 마음을 달랜다. 호젓한 참나무 숲과 편안한 초지능선을 오르내리며 해인리 갈림길

에 도착한다. 이정표는 우측 해인산장 1.5km, 좌측 중미마을 4.3km로 나와 있다. 우측 30m 지점에는 산삼약수터가 있다.

노란 '기린초'의 격려를 받으며 삼도봉 도착

오늘 구간은 육산으로 표고 차가 많이 나지 않고 코스도 무난한 편이나 마루금에 잡목과 풀이 무성하여 지도상의 거리보다 상당히 길게 느껴진다. 비까지 가늘게 계속 내려 어느새 온몸이 비에 젖는다.

이제 삼도봉 정상을 앞두고 오르막 나무계단을 힘겹게 오른다. 오늘 대간 길에 사람을 만나지 못했는데 삼도봉이 가까워짐에 따라 몇몇 사람들을 볼 수 있다. 등산로 우측에 노랗게 핀 야생화 기린초가 나를 격려한다.

12시 5분, 삼도봉1,176m에 도착한다. 삼도봉은 충북 영동군 상촌면, 전북 무주군 설천면, 경북 김천시 부항면의 경계에 있는 민주지산 봉우리다. 이곳은 삼국시대에는 신라와 백제의 국경으로, 조선 태종 때 조선을 8도로 나눌 때 삼도三道로 나뉘어졌다고 하여 삼도봉이라 부르기 시작했으며 호랑이가 살았다는 전설도 있다. 국내 최대 원시림 가운데 하나인 물한계곡을 품고 있으며, 예부터 용소·옥소·의용골·음주골폭포 등이 있어 경치가 아름답기로 유명하다. 1989년부터 매년 10월 10일 전북 무주군과 충북 영동군, 경북 김천시가 모여 삼도봉 행사를 개최한다. 정상에는 삼도의 화합을 기원하는 '삼도화합탑'이 있다.

 이곳에서 진부령까지 무탈한 안전산행을 기원한다. 삼도봉을 지나 오른쪽 황룡사 방향으로 길게 이어진 통나무 계단을 지나 12시 35분, 삼마골재에 도착한다. 이정표에는 석기봉 2.3km, 삼도봉 0.9km, 황룡사 3.5km라고 적혀 있다. 우측으로 진행하면 해인산장이 나오고,

좌측은 황룡사 내려가는 길이며 대간 길은 직진 방향이다.

　헬기장을 지나 30여 분 고도를 조금씩 높여나가 1,123.9m 봉에 도착한다. 정상에는 영동 459 삼각점과 삼도봉 1.5km 이정표가 세워져 있다. 다시 길게 이어진 급경사 내리막을 거쳐 오후 1시 30분, 밀목재에 도착한다. 밀목재라는 이름은 고갯마루에 숲이 빽빽하게 들어서 있다고 하여 붙여졌다고 한다.

　이제 비는 그치고 하늘이 개기 시작한다. 두텁고 하얀 구름들이 마루금 능선을 지나 빠르게 지나간다.

우두령에서 '해인산장'으로

　밀목재에서 화주봉석교산까지는 4.4km다. 1,172m 봉까지는 다래넝쿨 지역을 지나 크고 작은 봉우리를 서너 개 넘는 경사가 그리 심하지 않은 오르막이다. 중간에 '위험지역 주의' 안내판이 있다. 이곳은

예전에 폐광지역으로 지반이 안정되지 않아 땅이 꺼지니 주의하라는 내용이다. 문헌에 따르면 이 일대는 8·15 해방 전까지 금광 터였다고 한다.

　암릉으로 된 1,172m 봉에 오르니 비는 완전히 개었고, 지나야 할 대간 능선과 화주봉이 저 너머에 잡힐 듯 보인다. 이곳에서 화주봉 가는 초입은 급경사 내리막이다. 바위 사이에 매어놓은 로프를 잡고 조심스럽게 내려와 다시 급경사 오르막을 올라 오후 4시 35분, 화주봉석교산 1,195m 정상에 도착한다.

　아담한 크기의 정상에 '백두대간 석교산'이 새겨진 자연석 표지석이 돌무덤에 새겨져 있고, 뒷면에는 '김천산꾼들'이라고 새겨져 있다. 사방 전망이 아주 좋아 뒤를 돌아보니 지나온 마루금과 건너편 1,172m

봉이 뾰족하게 솟아 있다.

이제 3.5km만 더 가면 우두령이다. 대간 길은 완만한 내리막으로 걷기에 아주 편안한 길이다. 내리막을 조금 내려가니 헬기장이 있는 1,058m 봉이 나오고, 여기에서 40여 분 더 내려가니 삼각점이 있는 814.6m 봉에 도착한다. 이어 가파른 통나무 계단을 내려와 오후 5시 35분, 우두령에 도착한다.

해발 720m에 위치한 우두령은 영동군과 김천시를 연결하는 901번 지방도가 지나는 곳이다. 우두령에는 2006년 보은국유림관리소에서 세운 '소 모양의 석상'이 서 있다. 우두령 도로 위로는 터널이 축조되어 있다. 우두령은 고개가 소의 등처럼 생긴 데서 유래되었다고 전해지며 질매재로 불리기도 한다. 낙동강과 금강수계의 발원지이기도 하다.

어제 7. 16일에 이어 오늘도 해인산장에서 민박한다. 이곳 주인과는 전부터 잘 아는 사이로, 김천 해인리에서 오래전부터 산양삼 재배를 주업으로 하고 있다. 해인산장은 심산유곡 위치한 데다 경치가 좋아 대간꾼들의 숙소로 강력 추천하고 싶은 곳이다.

10 / 우중 산행, 너게 길을 묻다

제10구간 우두령~여정봉~바람재~황악산~운수봉~
여시골산~괘방령~가성산~눌의산~추풍령

산행 날짜 2014. 7. 18(금)
산행 거리 22.82km
산행 시간 11시간 50분(08:10~19:50)

    아침 6시 30분, 기상하여 밖을 보니 비가 내린다. 일기예보에 의하면 오전부터 천둥번개를 동반한 많은 비가 예상된단다. 연일 내리는 비 탓인지 몸은 무겁기만 하다.
    해인산장 주인의 차량 지원으로 출발지인 우두령에 도착했으나 비가 내려 터널 밑에서 30여 분 기다리며 비가 멈추기만 바란다. 하지만 비가 그치지 않아 평소보다 늦은 아침 8시 10분, 빗속에서 황악산으로 향한다.
    여정봉까지는 가벼운 오르막과 내리막이 이어져 코스는 어렵지 않

지만 연일 내리는 비로 육산인 마루금은 엉망이 되어 있고, 암반 지대는 미끄러워 그야말로 오금이 저린다. 게다가 수풀 지대는 빗방울을 그대로 머금고 있어 그곳을 지날 때마다 옷에 그대로 스며든다.

그래도 길이 있으면 가야 한다

오전 10시 15분, 여정봉과 바람재810m를 오르는 구간에서는 천둥과 번개를 동반한 폭우가 아예 도랑물처럼 위에서 쏟아져 내린다. 날씨가 좋은 날엔 황악산 주봉이 저만치 관측되지만 오늘 같은 빗속에서는 한 치 앞조차 내다볼 수 없다. 그래도 황악산이 가까워 오는지 이정표에는 황악산 정상 2.3km, 바람재 0.7km로 나와 있다.

악전고투 끝에 가파른 오르막을 올라 11시 25분, 황악산1,111m 정상에 오른다. 황악산은 국내 100대 명산 중 하나로 정상인 비로봉1,111m과 신선봉944m, 백운봉770m, 운수봉740m으로 이뤄져 있다. 정상석 뒷면에는 '정상에 오르면 하는 일들이 거침없이 성공하는 길상지지吉祥之地의 산'이라고 적혀 있다. 황악산은 우측 사면은 유명한 직지사를 품고 있다.

  황악산 정상의 사위는 온통 운무로 가려져 어디가 지나온 삼도봉인지, 또 어디가 앞으로 가야 할 여시골산과 가성산인지 알 수 없다. 다만 이정표를 따라 직지사 방향으로 묵묵히 진행할 뿐이다. 대간은 한참이나 고도를 낮춘다. 좌측 계곡의 물 흐르는 소리가 빗소리를 뚫고 우렁차게 들린다. 내리막은 황악산 정상에서 직지사 삼거리까지 2.2km 구간 동안 계속 이어진다.

  직지사 삼거리에서 잠시 휴식을 취한 후 여시골산을 향해 나무계단을 오른다. 앞에 가로막고 있는 가파른 산길을 잠시 오르고 보니 12시 35분, 운수봉이다. 운수봉에서 여시골산620m까지는 1.6km, 괘방령까지는 3.1km다.

  여시골산으로 향하는 길목엔 낙엽송인 물푸레나무와 참나무가 눈에 많이 띈다. 어느덧 깊이 파인 웅덩이와 다름없는 곳에 도착했는데 이름하여 '여시골'이다. 주변에는 산악회 시그널이 수없이 붙어 있다. 예로부터 여우가 많이 출몰하여 '여시골 골짜기'라 불렀으며, 이로 인하여 위쪽 정상을 여시골산으

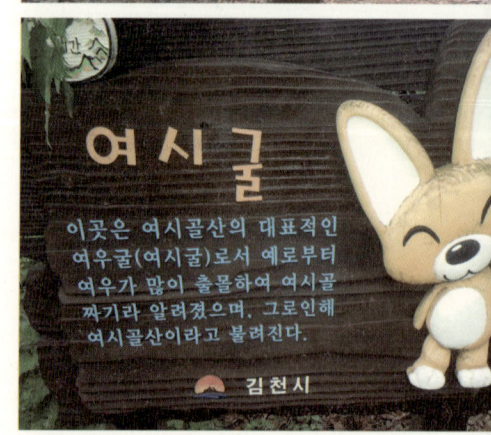

로 부르게 됐다고 한다.

여시골산을 지나 괘방령을 향한다. 건너편 가성산까지는 5.2km인데 비가 그치려는지 빗줄기가 약해지고 있다. 하지만 아직 운무가 걷히지 않아 건너편 가성산730m은 보이지 않는다.

여시골산에서 괘방령으로

여시골산에서 괘방령까지는 급경사 내리막이다. 내려올수록 대간 길은 실낱같이 이어지고, 옆으로는 비닐하우스 농장이 나타난다. 금방 괘방령 도로와 인접할 것으로 예상되는데 대간 길은 숨을 고르며 낮고 지긋하게 이어진다. 미끄러운 길을 조심스레 걸어 내려가니 2차선 포장도로가 나타난다. 괘방령掛榜嶺이다. 시계를 보니 오후 2시 30분이다. 이제 비는 그치고 대신 햇살이 내려쬐어 폭염으로 바뀌기 시작한다.

괘방령은 충북 영동군 매곡면과 경북 김천시 대항면을 잇는 고갯길이다. 해발 357m의 낮은 고개이지만 금강과 낙동강의 분수령이기도 하다. 빗줄기가 북쪽으로 흘러들면 금강으로, 남쪽으로 흘러들면 낙동강으로 흐른다.

고개 이름이 괘방령이 된 연유는 조선시대 과거 급제자를 알리는 방榜을 붙였기 때문이라고 한다. 인근 추풍령秋風嶺이 국가 업무 수행에 중요한 역할을 담당하던 관로였다면, 괘방령은 과거시험을 보러 다니는 선비들이 선호하는 길이었다.

당시 과거 보러 추풍령으로 넘어간 선비는 '추풍낙엽'처럼 떨어진다 하여 선비들은 괘방령을 선호했다고 전한다. 도로 옆에는 2007년 지어진 '괘방령 산장'이 있다. 전원생활을 그리워하던 부부가 가정집으로 지은 것인데 지나는 산꾼들의 성화에 못 이겨 산장 아닌 산장이 되었다고 한다.

산장을 뒤로하고, 괘방령 좌측으로 난 등로를 따라 가성산을 향한다. 이정표엔 황악산 5.7km, 가성산 3.7km로 나와 있다.

가성산은 해발 730m로 그리 높은 산은 아니지만 약 400여m의 고도를 치고 올라가야 하기에 여러 차례 지루한 오르막이 계속된다. 정

상까지 조망은 거의 없다. 다만 정상을 앞두고 기묘한 형상의 소나무 전망대가 나오는데 이곳에서 김천, 대구 방향으로 고속도로와 철도가 시원하게 조망된다.

가성산에서 장군봉$_{625m}$으로 가는 길은 급경사 내리막이다. 돌부리라고는 하나 없는 비를 가득 머금은 맨 흙길이어서 한걸음 내디딜 때마다 쭉쭉 미끄러져 내린다. 급격한 내리막은 다시 급격한 오르막을 형성해 놓았다. 찌는 듯한 지열을 받으며, 힘겹게 장군봉에 오른다. 부산의 한 산악회에서 제작해 나무 사이에 매달아놓은 '장군봉 플래카드'가 정상석을 대신하고 있다.

이제 장군봉을 뒤로하고 눌의산$_{744.5m}$으로 향한다. 눌의산으로 향하는 길은 한동안 평지가 이어진다. 참나무 사이로 어린 소나무들이 군

데군데 자라고 있다. 대간 산행을 하면서 이런 어린 소나무를 볼 때마다 즐겁다. 열대화로 소나무가 사라지고 있는 상황에서 어린 소나무들은 우리 강산을 책임질 미래다. 참나무 또한 미인송처럼 미끈미끈하게 하늘로 솟아 있다. 지열로 땀이 솟구치지만 주변 경관을 보는 즐거움으로 무마한다. 등로 좌우에는 멧돼지들이 파헤쳐 놓은 흔적들이 많다.

평지를 지나 지긋하게 오르막을 거듭하니 오후 6시 45분, 눌의산 정상이다. 이름으로 보자면 눌의산은 어눌한 산이다. 하지만 봉수가 있었을 만큼 중요한 요충지이다. 옛날 나라가 위험에 처했을 때 활활 타는 봉화를 피워올려 위기 상황을 전했을 것이라 생각하니 눌의산이 늠

름하게 느껴진다. 전략적 요충지였던 만큼 주변 조망 또한 뛰어나다.

추풍령, '고도'는 가장 낮지만 '령嶺'으로 불릴 만한 큰 고개

눌의산 아래로 벌판이 보이고 경부고속도로 차량이 쉼 없이 달린다. 추풍령秋風嶺이다. 건너편 우측으로 내일 지나야 할 백두대간 마루금 금산498m과 사기점고개가 선명하게 조망된다.

눌의산에서 해발 200m인 추풍령까지는 직선거리로 2km 남짓이지만 550여m의 고도를 낮춰야 하는 급경사 내리막이다. 따라서 오늘 같이 비가 내리는 날이나 눈이 많이 내릴 때에는 오르내리기가 수월치 않게 느껴진다.

내리막 급경사에 주의하며 한참을 하산하다 보니 온통 포도밭으로 둘러싸인 추풍령이다. 가수 남상규 씨는 '구름도 자고 가고 바람도 쉬어가는' 고개라고 노래했지만 추풍령은 평지에 다름없는 구릉에 불과하다.

우리나라는 고개를 '영嶺', '현峴', '치峙', '재'로 구분한다. 대체로 '영'은 큰 고개를 부를 때 사용하고, '현'은 '영'보다 작고, '치'는 '현'보다 작은 고개를 의미할 때 사용한다. 그런데 추풍령은 해발이 낮은데도 불구하고 '령'이 붙어 있다. 백두대간 마루금 상의 고개 중 고도는 가장 낮지만 '령'으로 불릴 만큼 큰 고개라는 의미일 것이다.

모두 잘 알듯이 추풍령은 국토의 대동맥인 경부고속도로와 경부선이 함께 지나는 백두대간의 유일한 고개이다. 또한 추풍령은 물이 적고 낮과 밤의 일교차가 심해 곡식보다는 과수가 잘되는 지역으로 많은 사람들이 과수 농사를 지으며 살고 있다.

　오늘 산행은 온통 포도밭으로 둘러싸인 은편마을을 지나 추풍령 노래비 앞에서 마감한다. 오늘 코스는 조금 거리가 있고 업다운up-down이 있는 코스였으며, 산행 중 한 사람도 만나지 못했지만 그런대로 견딜 만했다. 오늘을 기점으로 하루 쉬는 일정이지만 아직은 때가 아닌 듯하여 내일도 강행하기로 한다. 늦은 시간인 오후 7시 50분까지 산행했지만 앞으로의 산행에 대한 자신감과 여유가 생긴다.

11 / 오늘도 산행 중 만난 사람 없어

제11구간 추풍령~498m 봉~사기점고개~작점고개~
무좌골산~갈현~용문산~국수봉~큰재

산행 날짜 2014. 7. 19(토)
산행 거리 18.74km
산행 시간 10시간 20분 (09:05~19:25)

아침에 일어나니 몸 상태가 좋지 않다. 허리 통증이 심하여 산행을 할 수 있을지 불안하다. 그러나 오늘 구간이 전체적으로 업 다운이 그다지 크지 않은 것에 안도하며 여느 때보다 늦은 9시 5분, 산행을 시작한다.

추풍령 노래비 건너편 금산 등산안내도 앞을 지나 포도 재배 비닐하우스 옆을 통과하여 들머리인 통나무 계단으로 오른다. 오늘 날씨는 맑다. 계단을 지나 잡풀이 무성한 구간을 지나니 원만한 오름길로 이어지고 곧이어 금산376m 갈림길에 도착한다. 이정표에는 금산 0.2Km, 사기점고개 4m라고 나와 있으며 좌측으로 추풍령 마을이 한눈에 조망된다.

채석장 개발로 신음하는 '금산'

금산 정상은 채석으로 없어져 출입을 못하도록 밧줄을 쳐놓았다. 모퉁이를 돌아 이어지는 내리막길은 경사가 무척 심하다. 왼쪽을 보니 채석으로 산의 북사면 절반은 사라졌고 무간지옥처럼 흉물스럽게 넓은 입을 벌리고 있다. 채석장 개발로 이 땅의 등줄기인 백두대간이 무너진 것이다.

좀 더 내려서니 평탄한 등산로가 이어지고, 새들의 노랫소리를 들으며 한동안 오솔길을 걷는다. 왼편으로는 추풍령 저수지의 모습이 언뜻언뜻 보인다. 정말 마음 편안한 길이지만 절개된 금산의 흉측한 모습이 뇌리에 남아 씁쓸함이 쉽게 사라지지 않는다.

오전 10시 15분, 498m 봉을 지난다. 여전히 이어지는 대간 길은 더욱 편안하고 한적하여 참으로 유순하다는 생각이 들게 한다. 오롯한 길은 해주오씨 묘를 지나서도 계속 이어지다가 435.7m 봉을 지나면서 내리막으로 바뀌어 길게 이어진다. 다시 오르막으로 이어지다가 무명의 작은 봉우리에서 동북 방향으로 크게 꺾이고, 급경사 후 완만한 소나무 숲길을 지나 사기점고개로 접어든다. 사기점고개390m는 옛날 사기를 구워 팔던 마을이 있던 데서 유래했다고 한다.

사기점고개에서 작점고개까지는 3.1km 구간이다. 사기점고개에서 대간 길은 넓은 비포장 군사도로를 따라 이어진다. 이어 널따란 시멘트 도로를 따라 올라가다가 좌측 통나무 계단으로 진행된다. 오후 1시 30분, 묘 2기를 지나 전망이 확 트인 곳을 내려서니 오후 1시 30분, 작점고개가 반긴다. 작점고개는 영동군 추풍령면과 김천시 어모면을 잇는 2차선 지방도로가 지난다. 잘 조성된 육각정과 '백두대간 작점고개'라고 쓴 김천시 표지석과 조그만 작점고개 표지석이 서 있다.

과거 이곳에는 새들이 많이 살았고, 또 이 일대에 유기 판매점이 많아 새 '작雀' 자와 점포를 의미하는 '점店' 자를 붙여 작점雀店이라 부르게 되었다고 한다. 이 외에도 충북 사람들이 고개를 넘어 여덟 마지기 농사를 지었다 해서 여덟 마지기 고개, 고갯마루 근처에 성황당이 있다 하여 성황뎅이 고개, 고갯마루 아래 능치마을이 있어 능치재로 불리었다.

작점고개에서 비교적 완만한 경사 길을 30여 분에 걸쳐 오르니 해발 474m 무골좌산이 나타난다. 삼각점 하나만 있을 뿐 정상석은 없다. 이곳에서 다시 1km 남짓 걸어 오후 2시 25분, 갈현고개에 도착한다. 왼편은 영동군 죽전리, 오른편은 김천시 능치리를 연결해 주는 곳이지만 지금은 흔적만 남아 있다.

이곳에서 조금 더 오르니 기도처인 듯한 움막이 나타나고 이어 바위지대와 능선 오르막을 거쳐 687m 봉에 도착한다. 여기에서 대간 길은 우측으로 꺾이어 진달래 군락지를 지난다.

잠시 가파른 오르막을 올라 오후 4시 40분, 헬기장 위에 있는 용문산 708.5m에 도착한다. 김천 산우들이 2007년에 세운 정상석이 앙증맞게 정상을 지키고 있고 사방 조망이 좋다.

급경사 내리막을 내려와 영동군 웅북리와 김천 용문산 기도원 방향을 연결하는 웅북리 갈림길에 도착한다. 오른쪽 아래에 있는 용문산

　기도원은 평신도 장로로서 1950~60년대 부흥회를 이끌며 이 땅에 성령운동을 일으킨 나운몽 목사가 1950년에 건립한 우리나라 최초의 기도원이다.

　웅북리 갈림길에서 20여 분 진행하니 다시 통나무로 된 급경사 내리막이 길게 이어진다. 올라야 할 국수봉 앞에는 국수봉에 견줄 만한 다른 봉이 버티고 있다. 국수봉 직전 봉을 일으키고 잠시 하강한 대간 길은 다시 솟구쳐 국수봉菊水峯, 795m을 일으킨다. 국수봉에 오르니 오후 6시 10분이다.

용문산~국수봉 구간, 대간 길 중 '손꼽을 만한 환상적 코스'
　작점고개까지는 군사도로 등으로 별로인데 작점고개를 지나 용문산 국수봉 구간은 지금까지의 대간 길 중 최고로 느껴질 정도로 환상

적인 코스였다. 국수봉은 충북과 경북의 경계를 이루며 낙동강과 금강의 분수령이다. 정상의 조망이 좋아 김천과 상주를 잇는 백두대간 마루금이 눈에 들어온다.

이제 오늘의 종착지인 큰재까지는 2.9km 남았다. 국수봉을 뒤로한 채 통나무 계단을 하염없이 내려온다. 안부에서 뒤돌아 국수봉을 바라보니 하늘 아래로 까마득하게 높이 걸려 있다. 이어 683.5m 봉을 오르니 부산 낙동산악회에서 안내표시판을 붙여놓았다.

이곳에서 암릉 구간과 평탄 구간을 번갈아 내려오니 저 멀리 마을의 집들이 보이고 자동차 소리가 간간이 들리는 오솔길이 펼쳐진다. 큰재에 가까워지나 보다. 사과나무 과수원도 보이고, 'LG상록재단'과 백두대간 숲 생태원에서 나무에 '이름을 불러주세요'라는 문구와 함께 저마다 이름을 걸어놓았다.

쥐똥나무, 주름조개풀, 소태나무, 서어나무, 북나무, 생강나무, 싸리 등등. 이름들이 참 예쁘다.

저녁 7시 25분, 상주시 모동면 우하리와 공성면 장동리를 연결하는 68번 지방도로 위 큰재에 도착한다. 예전에는 '우하재'로 부르다가 우하리 방면에서 올라오는 길의 골짜기가 깊어 그 깊이를 가늠할 수 없을 정도여서 '큰재'라 부르게 됐다고 한다.

12 그러나 가야만 한다. 완주를 향해…

제12구간 큰재~화룡재~개터재~윗왕실~백학산~개머리재~지기재

산행 날짜 2014. 7. 20(일)
산행 거리 18.70km
산행 시간 9시간 30분 (07:00~16:30)

흔히 큰재에서 화령재까지를 백두대간 중화지구라고 부른다. 현재 상주시 모동면과 모서면의 옛 고려시대 명칭은 중모현中牟縣이었으며, 화북·화동·화서면 일대의 조선시대 이름은 화룡현化龍縣이었는데 이 두 현縣의 앞 글자를 따서 '중화지구中化地區'라 부르는 것이다. 넓게는 김천 황악산에서 상주 속리산까지의 구간을 중화지구라 부르는 사람도 있다.

백두대간 중화지구의 시작

이 구간의 특징은 해발 300~400m에 불과한 비산비야非山非野의 지형들이 많고, 특히 밭이나 과수원, 마을을 지나 대간이란 느낌이 들지 않는다는 것이다. 하지만 지리산을 일으킨 대간이 운봉 벌의 평야 지대를 지나며 에너지를 얻어 덕유산 구간을 일으키듯이, 속리산 구간의 기세등등한 암릉을 일으켜 세우기 위해 중화지구에서 재충전을 쌓는 것일지도 모른다. 하늘의 기운이 모여 구름 산을 만들 듯, 평지의 기운이 모여야 큰 산을 일으키는 것은 아닐까?

오늘 구간은 산행길이 18.74km이나 표고로 따져볼 때 백두대간 중 가장 낮은 구간이 아닌가 싶다. 다만 날씨가 찌는 듯한 폭염이라 최고 봉인 해발 618m 백학산을 오르는데 체력을 안배해야 될 듯하다.

매일 쌓인 피로로 힘은 들지만 잘하면 백학산에서 꿀 같은 오수午 睡를 즐길 수 있다는 기대감으로 아침 7시, 산행을 시작한다. 옥산초 교 인성분교는 1997년 폐교되었으나 지금은 상주시에서 '백두대간 숲 생태원'으로 조성하여 백두대간 생태·문화 체험 교육시설로 활용하 고 있다.

숲생태원에서 숲길로 들어와 풀이 무성한 묘를 지나 산림이 울창 한 소나무 숲길 사이를 걷는다. 길은 푹신하고 좋으나 거미줄이 많 다. 달개비라고 불리는 '닭의장풀'과 분홍색 '꽃며느리밥풀'을 보며 산 길을 벗어나니 회룡목장으로 이어지는 임도가 나온다. '회룡목장 갈 림길'에는 큰재 1.6km, 회룡목장 120m, 회룡재 2.2km라는 이정표 가 서 있다.

임도 옆에는 아침 햇살에 자태를 뽐내는 분홍 '물봉선'이 인사를 건넨다. 곧이어 대간 길은 오른쪽 산길로 접어든다. 뒤엉킨 칡넝쿨과 도토리, 참취꽃과 싸리꽃이 핀 등산로를 산책하듯이 진행하니 산림청과 상주시에서 세워놓은 '은방울꽃' 군락지라는 안내판이 나온다. 곧이어 산행시간 1시간 30분 만에 해발 340m 회룡재에 도착한다. 회룡목장의 소 울음 소리가 이곳까지 들린다.

회룡재의 유래는 마을 뒷산의 형상이 하늘에서 부르는 소리를 듣고 돌아보는 '용의 형국'이라 하는데 그렇다면 지난 '국수봉'과 '용문산'이 용의 머리이고, 회룡재는 용의 허리쯤에 해당되지 않나 상상해 본다. 회룡재는 옛날 상주 모동면 회룡 주민들과 공성면 봉산리 주민들의 왕래가 잦았다는데 지금은 잡목과 잡풀만 가득하다.

회룡재에서 개터재까지는 1.6km의 길로 완만한 산책로와 같다. 대간 길 왼쪽으로 황토밭이 간간이 보인다. 등산로 표지판이 잘되어 있어 길을 헤맬 염려가 없다. 편안하던 산길에 갑자기 작은 너덜 지대가 두어 군데 나타나고, 돌 틈새로 '닭의장풀' 군락도 보인다. 그리고 조금 지나니 누군가 '옛 고개'라고 써놓은 개터재에 도착한다.

개터재는 '개의 머리'를 닮았다고 해서 붙여졌다는 설과 마을 가장자리에 우뚝 솟은 산의 고개란 뜻이라는 설도 있다. 좌측으로는 효곡리와 우측으로는 봉산리를 잇는다.

이어 잡목들로 가득한 숲길에 핀 노란 '짚신나물'을 보며 지나니 어느새 해발 400m의 윗왕실재다. 백학산 2.9km, 개터재 3.7km 지점이다. 아래로는 농로와 같은 콘크리트 포장도로가 지나고, 위로는 동물들이 지나갈 수 있도록 육교를 설치해 놓았다. 육교 난간에는 대간

리본이 많이 달려 있다.

 이 일대 왕실마을은 지세가 '임금이 계시는 왕궁의 형상'이라 그렇게 부르게 되었는데, 윗왕실재는 이러한 왕실 마을 중 가장 위에 있는 '윗왕실'을 지난다 하여 이름이 붙여졌다고 한다.

힘들게 오른 백학산에서 1시간가량 '낮잠'

 윗왕실재에서 백학산으로 오르는 길도 고즈넉하다. 소나무와 참나무로 우거진 숲속에서 가끔씩 들려오는 산새의 울음소리만이 한여름의 무거운 공기를 가른다. 날씨는 맑지만 무더워서 그런지 백학산 오르는 길이 생각보다 길고 지루하다. 아니 연일 계속된 산행으로 체력이 고갈되기 때문일지도 모르겠다.

12시 50분, 푹푹 찌는 폭염을 뚫고 드디어 해발 615m 백학산白鶴山 정상에 도착한다. 백학산은 상주시 공성면과 내서면에 위치하여 정상부 아래의 효곡리 왕실마을을 백학이 알을 품듯 감싸 안은 '포란지세抱卵地勢' 형상이라서 '백학산'이라  불린다. 상주시청 산악회에서 1998년 세운 자연석 돌비석에는 한문으로 '백두대간 백학산'을 새겨놓았다. 조망도 일품이어서 아랫마을과 저 멀리 마치 파도처럼 고만고만한 산들이 잇대어 늘어서 있다.

정상에서 서남쪽 능선은 '성봉산'으로 가는 길이고 대간 길은 서쪽 능선이다. 백학산 정상 옆 벤치에서 대간 출정 후 처음으로 느긋하게 1시간가량 낮잠을 즐기며 그동안의 피로를 달랜다.

이어 백학산 정상에서 길게 이어진 급경사를 약 20여 분에 걸쳐 내려오니 해발 400m 대포리 이정표가 나온다. 임도를 따라 우측으로 조금 내려가 대간 등산로 표시가 있는 곳에서 왼쪽으로 접어드니 푹신한 등산로로 이어진다. 다시 임도가 이어지고 농가 터와 논이 이어지며 논 옆으로 마을로 내려가는 길이 나 있다. 대간 길은 임도를 지나 인삼밭 오른쪽 모퉁이를 돌아 완만한 경사길로 이어진다.

오후 3시 25분, 해발 295m 개머리재일명 소정재에 도착한다. 지형이 개의 머리를 닮았다 하여 그렇게 불리며 부근에는 포도밭이 산재해 있다. 전방에는 상주시 내서면과 모서면을 잇는 포장도로가 있다.

백두대간은 내게 말한다 97

이곳에서 지기재까지는 2.5km다. 포도밭 오른쪽으로 난 임도와 산길을 몇 차례 반복하며 지나니 로프가 처져 있는 통나무 오르막 계단이 나오고, 이곳에서 10여 분 더 오르자 백두대간 등산로 방향 표시와 함께 사각형 평상이 놓여 있다. 길은 다시 로프로 연결되어 왼쪽 내리막으로 이어진다. 오후 4시 30분, 산을 내려와 포도밭 옆 임도를 따라 계속 내려가 버스정류장과 간이화장실이 있는 지기재에 도착한다.

지기재는 옛날에 도둑이 많았다 하여 '적기재賊起峙'라고 하였는데 언제부터인지 현재의 이름인 지기재로 불리게 됐다고 한다. 이 고개는 상주시 모서면과 내서면을 잇는 901번 지방도가 지나며 금강과 낙동강의 분수령이다.

오늘 산행은 원래 신의터재까지 갈 예정이었으나 무더위에 지쳐 이곳에서 마감한다. 대간 완주를 위해 배낭 무게를 줄이기로 하고 이에 따른 지원을 요청하기로 했다.

13 백두대간 중화지구, 화령재에서 마감하다

제13구간 지기재~신의터재~무지개간~윤지미산~화령재

산행 날짜 2014. 7. 21(월)
산행 거리 15.65km
산행 시간 5시간 55분(06:20~12:15)

    지금은 고랭지 포도로 유명하지만 예전 상주尙州는 누에, 쌀, 곶감 등 삼백三白의 고장으로 영남지방에서 확고한 위치를 차지했었다. 우선 경상도慶尙道라는 이름은 천년 신라의 고도 경주慶州와 상주의 첫 글자를 따서 지은 것이다. 또 영남의 젖줄인 낙동강은 삼한시대 상주 벌판에 자리 잡았던 사벌국沙伐國의 도읍 낙양洛陽에서 유래했는데, '낙양의 동쪽에 와서야 강다운 면모를 갖추고 흐른다'고 해서 붙은 이름이라 하니 상주 사람들이 갖는 자부심을 이해할 만하다.

누에, 쌀, 곶감 등으로 이름난 삼백의 고장 상주

    뿐만 아니다. 상주는 낙동강 주변으로 매우 기름지고 널찍한 들녘이 펼쳐져 있어서 오래전부터 사람이 살았다. 곡창일 뿐만 아니라 천혜의 방어막인 백두대간을 두르고 금·쇠 같은 지하자원도 품고 있어 삼국시대에는 전략적으로 매우 중요한 요충지였다. 화북면 속리산 자락에 있는 견훤산성과 모동면 백화산에 있는 금돌산성이 그 증거이다.

    그래서 신라는 상주를 북방 경영의 전초기지로 삼았고, 삼국을 통일

한 뒤에는 이곳을 제2의 도읍으로 일컬을 만큼 중히 여겼다. 이런 상주의 위상은 고려를 지나 조선까지 이어졌다. 세종 때에는 경상도 감영이 설치되기도 했던 상주의 전성시대는 임진왜란 중인 1593년선조 26 경상도 감영이 대구로 옮겨가면서 차츰 시들고 말았다.

오늘 구간도 어제와 마찬가지로 표고가 낮은 중화지구 산행으로, 옛 상주의 영화를 회상하며 하루 종일 상주시 땅만 밟는다. 거리는 약 15.65km로 길지 않고 업다운도 크지 않은 구간이지만 어제에 이어 더위가 문제다. 연일 32~33℃의 폭염이 계속되고 있어 에너지 소모가 많다.

아침 6시 20분, 지기재를 출발한다. 고개 주변에는 이곳이 대간 길임을 알려주는 표시들이 많다. 금강과 낙동강의 분수령 안내판, 백두대간 중 상주시에 걸쳐 있는 구간국수봉부터 지기재, 화령재, 천왕봉, 문장대를 지나 청화산까지 69km 지도가 그려진 안내판, 상주 고랭지 포도 홍보물 등이 그것이다.

지기개를 떠나 포도밭 옆 임도를 따라 신의터재로 향한다. 임도 초입 우측 철조망에는 대간리본이 줄지어 매달려 있고, 100여m 직진하자 우측에 대간 안내표지판과 함께 본격적인 산행이 시작된다. 길가에는 개망초가 한창인데 대간 길에 핀 꽃이라 그런지 특별하고 예쁘다.

좀 더 진행하니 대간 길에서 보기 드문 대나무 군락이 나오고, 신의터재 4.2km, 지기재 0.5km라는 이정표가 나온다. 이어 오른편으로 시멘트 임도가 나오고, 푸른 들녘과 개망초 군락을 따라 200여m 걷다가 우측 흙길로 들어선다. 여기서 10m 정도 진행 후 마루금은 11시 방향 전봇대가 있는 울창한 숲길로 오른다. 다시 오르막 로프 구간을 오르니 '순결한 사랑, 보은, 거절'을 꽃말로 가진 분홍빛 패랭이꽃이 외로운 산객을 반긴다.

임진왜란 아픔 어린 '신의터재'

그동안 너무 편안한 길을 온 탓일까? 로프를 잡고 올라선 바윗길이 조금 낯설게 느껴진다. 이어 신의터재 2.8km, 지기재 1.9km 이정표를 지난다. 자잘한 소나무 오솔길을 지나 대간 길은 다시 임도로 마실을 나온다. 포도밭을 지나 오른쪽 산길로 접어드니 '진부령까지 무사 완주를 기원한다'는 한 민박업소의 안내판이 눈길을 끈다.

이어 철탑 지대와 잔 소나무와 향이

짙은 잣나무가 섞인 숲길을 지나 40여 분 오르자 왼쪽에 무덤이 보이고 그 끝에 해발 280m 신의터재가 있다. 지기재 산행 시작 1시간 20여 분 만이다. 정상석에는 크게 신의터재라고 새겨 있고, 음수대와 쉼터도 있어 비박하기에 안성맞춤이다.

상주시 내서면 어산리에서 화동면 화동읍내를 연결해 주는 신의터재는 임진왜란 당시 의병장 김준신이 의병을 모아 왜군 정규군과 싸우다 장렬히 전사한 곳이라고 한다. 임란 전에는 신은현이라 했는데 일제 때 민족정기를 말살하려고 어산재라고 부르다가 해방 이후 옛 이름을 되찾은 사연 많은 고개다. 우리 역사에 이런 예가 어디 한둘이랴? 애달프다.

그늘에서 잠시 갈증을 해소하고, 도로 건너 임도를 따라 4km 남짓 거리인 무지개산으로 향한다. 잘 정비된 이정표를 따라 500m 진행하니 화령재 11.4km라는 이정표가 나온다. 사람 팔뚝처럼 울퉁불퉁하게 생겨 일명 근육나무라고도 불리는 서어나무 군락과 잡풀이 왕성한 임도 지대를 지나 어느새 화령재 8.8km 지점에 도착한다. '닭의장풀'과 '패랭이꽃'을 보며 해발 441m 무지개산 삼거리를 지나고, 잣나무 조림지에 이어 화령재 6.7km 이정표를 지난다. 왜 무지개산일까? 비가 내린 후에 무지개가 아름답게 피는 산일까? 이름이 참 예쁜 산이다. 그런데 무지개산은 무지개를 구경할 만한 조망도 정상석도 없다.

국립공원을 낀 대간 길은 몰라도 그렇지 않은 길은 오늘처럼 늘 혼자다. 오늘도 한 사람 만나지 못했다. 하지만 양옆으로 도열한 잘 가꿔진 숲을 걸을 때면 사람을 만나지 못한 데서 오는 외로움은 어느새 사라진다. 숲을 보며 자신을 반추하고 생각을 가다듬는다. 퇴계 이황은

독서여유산讀書如遊山, 즉 '책을 읽는 것은 산에 머무는 것과 같다'고 했는데 바로 이런 의미가 아닌가 한다.

그런 호젓한 생각으로 숲길을 걷는데 저 멀리 아래쪽에서 지나는 차 소리가 들린다. 나무 사이로는 도로가 보인다. 이어지는 오르막, 이게 윤지미산일까 하고 올랐으나 아니다. 다시 내리막에 이어 오르막을 오르니 돌탑 위에 꽃 수술처럼 얹혀진 윤지미산允知嵋山, 538m 정상석이 보인다. 시계를 보니 오전 11시 10분이다. 윤지미산은 원래 '소머리산'이라고 했는데, 언제부터인지 사서삼경四書三經 중 하나인 대학의 '윤집결중允執乞中'의 의미인 '인생 전반을 다 안다. 세상을 포용한다. 세상을 두루 안다'는 의미로 불려지게 됐다는 설이 있다.

윤지미산에서 화령재까지는 2.8km 남짓이다. 내리막길은 급경사

로 왼쪽에 밧줄이 길게 이어져 있다. 경사가 급해서인지 지반이 약해서인지 나무가 뿌리를 드러낸 곳이 많다.

10여 분 급경사를 하산하여 오른쪽 밭을 지나 다시 산으로 오르니 전망 좋은 곳에 잘 가꿔진 무덤 하나가 나온다. 산길을 내려와 오른쪽 임도로 진행하니 화령재 0.8km 이정표가 나오고, 대전-상주 간 고속도로가 시원하게 뻗어 있다.

윤지미산에서 볼 때 화령재火嶺峙는 지척으로 보이나 의외로 멀어 두어 번 산을 넘어야 도착한다. 삼국시대에는 신라와 백제의 국경으로 군사적 요충지였으며, 한국전쟁 때도 치열한 전투가 있었다고 한다. 화령재는 한자 이름으로 보면 불을 뿜는 '불재'다. 지금도 재 근처에는

화산재로 보이는 시커먼 재들을 볼 수 있다고 한다.

상주에서 청주와 보은을 넘나드는 25번 국도상의 화령재는 옛날에는 사통팔달이었다고 하나 지금은 인적이 뜸한 한낱 고갯마루다. 이곳에는 거대한 백두대간 화령재 표지석과 함께 대간 안내판, 그리고 언덕 위에 잘 만들어진 팔각정 등이 지친 등산객들을 위로하고 있다. 화령재에 데포해 놓은 물건을 찾으니 별다른 이상이 없다.

낮 12시 15분, 화령재를 종점으로 백두대간 중화지구를 끝내고 민박집에서 휴식을 취하며, 앞으로 갈 속리산 구간을 원만히 진행하기 위해 보다 효율적인 산행 전략을 수립한다. 대피소가 없는 구간을 성공적으로 완주하기 위해 22일에는 갈령 삼거리까지, 23일은 늘재까지 가기로 한다.

14 / 속리산 구간이 눈앞에, 이제부터 진검승부다

제14구간 화령재~봉황산~비재~못재~갈령 삼거리~갈령

산행 날짜 2014. 7. 22(화)
산행 거리 13.60km
산행 시간 7시간 55분(06:30~14:25)

    이제부터 속리산 구간이다. 오늘 구간은 13km로 짧지만 석산에 암릉 구간이 많고 업다운이 심하다. 날씨는 흐리지만 비가 오지 않아 다행이다. 아침 6시 30분, 화령 표지석 옆으로 이어진 등산로를 따라 봉황산을 향한다. 화령재에서 봉황산까지는 4.5km다.

    울창한 숲길은 점점 더 고도를 높여간다. 조망이 없는 오름길로 50여 분 올라 450m 봉에 도착하고, 여기에서 계단을 지나 30여 분 진행하니 산불감시 초소가 나타난다. 이곳에서부터는 조망이 트여 날씨는 흐리지만 좌측으로 상주시 화서면 일대의 마을과 들판이 희미하게 보인다.

    앞쪽 봉황산도 가깝게 다가선다. 감시 초소에서 조금 올라 소나무 한 그루를 지나니 산과 산 사이로 이어

진 도로가 흐릿하게 보인다. 갈령~늘재~괴산으로 이어지는 49번 지방도다. 날씨가 좋다면 저 지방도를 기점으로 왼쪽으로는 형제봉과 속리산, 갈령 삼거리가, 오른쪽으로는 두리봉이 조망될 터인데 날씨가 흐린 탓에 그러한 모습들을 볼 수 없다.

해발 873m인 두루봉은 대궐터산, 혹은 청계산淸溪山으로도 불리는데, 백두대간 형제봉에서 남쪽으로 뻗어내려 솟은 산이다. 상주시의 역사지인 『상산지』에 의하면, 아랫마을에서 보기에 두리뭉실하게 생겼다 하여 '두루봉', 후백제 견훤이 이 산에 성을 쌓고 대궐을 지었다 하여 '대궐터산'으로 불린다고 한다. 산기슭에 청계사와 후백제의 견훤이 쌓았다는 성산산성이 있는데 둘레가 3.3km인 토석土石 성으로 산 아래에서 보면 바위산으로 보이는 천혜의 요새이다.

봉황이 날아들어 30여 년을 살았다는 '봉황산'

오전 8시 45분, 드디어 봉황산鳳凰山 정상에 도착한다. 해발 740.8m

정상에는 원형 모양의 벤치와 아담한 크기의 정상석이 있다. 봉황산에는 1,300여 년 전에 전설의 새 봉황이 날아들어 30여 년을 살았다는 전설이 있는데 정상은 모양새가 봉황머리를 빼어 올린 것 같고, 능선은 봉황의 양 날개와 흡사한 데서 이름이 유래했다고 한다.

봉황산 정상에서 속리산 구간의 장엄한 파노라마를 볼 수 없음을 아쉬워한 채

   3.6km 떨어진 비재로 향한다. 초입부터 급경사 내리막이어서 산림청에서 '급경사 위험' 표시를 해주었다. 암릉 지대를 지나니 신갈나무와 소나무가 잘 조화된 숲길이 나온다. 여기서부터 오르막 경사를 힘들게 오르니 백두대간 방향 표지판과 송이버섯과 임산물 채취를 금하는 '입찰구역' 이라는 플래카드가 보인다. 유채꽃같이 노랗게 핀 '산고들빼기'도 보이고 고사목도 보인다.

   첫째도 안전, 둘째도 안전이라는 생각으로 두어 번의 오름과 내림을 반복한 후 계속되는 하산길을 1시간 30여 분 정도 진행한다. 쭉쭉 빵빵 하늘로 솟은 낙엽송 군락지를 지나 10시 15분 해발 320m인 비재로 내려선다. 비재는 상주 화서면 동관리와 보은 화남면 면사무소를 잇는 49번 도로가 지난다.

   비재는 나는 새의 형국이라 하여 날 '비飛', 새 '조鳥' 자를 써 비조령飛鳥峙이라 불리었는데 조금 전 지나온 봉황산과 연관이 있는 듯하다. 즉,

봉황새가 날아들던 고개라 하여 비조령인 것이다.

  비재에서 형제봉 방향으로 통나무 계단을 내려서자 봉황산 방향과 형제봉 방향을 표시하는 이정표가 나온다. 평온 동관로로 내려가 비조령 정상석과 안내판을 보고 난 후 형제봉 방향으로 길게 이어진 나무계단을 오른다. 며칠 동안 편하게 진행된 중화지구의 봄날은 가고 이제 속리산 험로가 시작되나 보다.

  무거운 몸으로 오르막 나무계단을 하염없이 오른다. 두꺼비 모양의 바위도 보이고, 묘지도 하나 지나 무명봉을 오른다. 긴 오르막을 오르니 온몸이 땀으로 흥건하다. 그래도 햇볕이 내리쬐지 않아 다행이다. 무명봉을 내려와 다시 오르니 큰 바위가 가로 막고 있는데 조망바위다. 바위 오른쪽으로 대간 길은 이어지고 밧줄을 타고 오르니 조망바위 안내판이 나온다.

　기상이 좋은 날엔 지나온 대간 구간과 저 멀리 충북의 알프스라는 구병산도 보이는데 오늘은 그런 풍광을 볼 수 없는 아쉬움을 뒤로한 채 직진한다. 다시 고기 입 모양을 한 바위를 지나 밧줄을 잡고 암릉지대를 힘겹게 오른다.

　오르막을 더 오르니 비재 2.3km, 갈령 삼거리 1.78km와 함께 오른쪽으로 '억시기'로 방향 표시된 이정표가 나온다.

이 억시기 삼거리에서 10여 분 정도 지나니 충북 알프스 갈림길이 나온다. 이 갈림길에서 조금 지나니 넓은 광장 같은 곳이 나오고 주위에 쉼터의자가 있다. 낮 12시 40분이 지난 시간에 못재다.

'못재'에 서린 견훤의 전설, 산객의 마음 애잔하게 해

백두대간 마루금에 있는 유일한 연못으로 500~600평 규모인데, 지금은 억새로 둘러싸인 습지가 되었다고 한다. 설명판에는 '못재의 전설'과 이와 관련한 '시' 한 편이 눈길을 끈다. 그런데 설명판에는 지명 이름이 '못재'가 아닌 '못제'로 되어 있다.

전설은 이렇다. 이 일대를 장악하고 있던 황충 장군은 후백제를 일으킨 견훤에게 계속 패한다. 황충 장군은 부하를 시켜 은밀히 견훤 진영을 염탐했는데 견훤의 힘이 못제에서 목욕하면 나온다는 사실을 알아낸다. 이어 소금 300백 가마를 못재에 풀어 지렁이 자손인 견훤이 목욕하지 못하도록 만들었다. 그러자 견훤의 힘이 사라지고 황충 장군이 마침내 승리하였다는 내용이다. 설명판 좌측의 '시'는 지나는 산객의 마음을 더욱 애잔하게 한다.

후백제를 호령하던
견훤의 그 기상
천년의 세월 속에
메아리쳐 들려오고

백두대간 능선 위의 유일한 연못

못재에 서려 있는
견훤의 전설이 전해 온다

못재 고인 물에 패장 견훤의
한 많은 자취가 보일 듯 말 듯하고

연못 속의 자란 습지 풀은
한탄의 숨결을 위로하려는 듯
바람에 흐느적거린다
천년의 왕조가 무너져
역사의 뒤안길로 사라지는데
하물며 당대의 왕조가 무너짐은
손바닥 뒤집기와 같음일세.

깊어 가는 가을날
기우는 석양을 바라보니
애잔한 견훤
역사의 순리를 되새기게 하고
지나던 산객의 마음을 어지럽게 한다

역사가 승자의 몫이고 보면
패자에게 보내는 연민의 정이
투영되어 나온다.

못재에서 조금 올라가니 헬기장이다. 이어 백두대간 비재-장고재구병산 갈림길에 이어 급경사 내리막 로프 구간을 지나니 갈령 삼거리다. 형제봉과 두루봉 갈림길인 이곳에는 둥근 쉼터의자가 놓여 있고, 이정표에는 형제봉 0.7km, 천왕봉 6.6km라고 나와 있다. 오늘 산행은 갈령 삼거리에서 마감하기로 하고 하산을 서두른다. 날씨는 어느 정도 개어 햇볕이 간간이 비추고, 저 멀리 우측으로 천왕봉, 문장대 등 속리산 구간의 마루금도 보인다. 1.8km의 거리를 약 1시간에 걸쳐 하산하여 오후 2시 25분, 상주시 화서면과 화북면을 잇는 49번 국도가 지나는 갈령에 도착한다.

15 속리(俗離)의 세계로 가는 길, 이리도 험한가

제15구간 갈령~갈령 삼거리~형제봉~피앗재~속리산 천왕봉~
문장대~밤티재~늘재

산행 날짜 2014. 7. 23(수)
산행 거리 18.33km
산행 시간 12시간(06:35~18:35)

아침 5시가 되자 저절로 눈이 떠진다. 어제 산행을 일찍 끝내고 충분한 휴식을 취한 덕분이기도 하지만 오늘 속리산 구간 산행에 대한 부담감 때문일 것이다.

새벽부터 비가 내리는 가운데 일기예보는 오후까지 비를 예고한다. 하늘은 우중충하여 시야는 거의 제로다. 오늘 산행 구간은 갈령에서 ~늘재까지 약 18.33km로 암릉 구간이 많은데다 비로 미끄러워 신중 또 신중해야 한다. 특히 등산 금지구간인 문장대~밤티재 구간은 평소에도 요주의 구간이어서 험난한 산행이 예상된다.

빗속 속리산 암릉 산행, 조심 또 조심!

아침 6시 35분, 갈령 삼거리를 향해 길을 나선다. 마음은 착잡하지만 '오늘도 괜찮을 거야. 걱정 마. 파이팅!' 하며 스스로에게 기를 넣는다. 어제 하산했던 길을 역순으로 올라가 7시 20분, 갈령 삼거리에 도착한다.

곧이어 형제봉을 향한다. 내리막길과 그리고 10여 분 평탄한 길, 다시 10여 분 오르막을 오르니 오른쪽에 큰 바위가 보인다. 형제봉832m이다. 바위 사이로 난 좁은 길을 올라가면 형제봉 정상이 나타난다. 이곳에 서면 북쪽으로 천왕봉, 동남쪽으로는 두리봉과 봉황산, 서쪽으로 구병산을 조망할 수 있으나 오늘은 아무것도 볼 수 없다.

형제봉에서 급경사로 이어진 길을 조심스레 내려서니 '속리 16-13'이라는 표지석이 나타나는데 이곳부터 속리산국립공원이 시작되나 보다. 이어 세 갈래로 갈라진 커다란 소나무를 지나 8시 45분, 피앗재에 도착한다.

피앗재는 오지 중의 오지여서 난을 피하기 좋은 곳이라 하여 이름 붙여졌다고 한다. 피앗재 이정표엔 천왕봉 5.6km, 형제봉 1.5km, 만수리 1.0km로 나와 있다.

희뿌연 시야 속에 떨어지는 비를 맞으며 혼자 걷는 발걸음은 처연하다. 비가 내리니 새소리조차 들리지 않아 주위는 문자 그대로 적막강산이다. 천왕봉을 향해 한 발 한 발 조심스레 오르내리는데 '속리俗離'의 세계로 향하는 길이 이리 험난한가 하는 생각이 든다.

속리산俗離山은 천왕봉을 주봉으로 비로봉, 문수봉, 관음봉 등 9개의 봉우리로 형성되어 있어 원래는 구봉산이라 불리다 신라 때부터 현재의 이름이 되었다고 한다. 신라 선덕여왕 5년784년, 당시의 고승 진표眞表가 이곳에 이르자 밭 갈던 소들이 모두 무릎을 꿇었다. 이를 본 농부들이 짐승도 저러한데 하물며 사람들이야 오죽하겠냐며 속세를 버리고 진표를 따라 입산·수도하였는데, 이때부터 속리산으로 부르게 되었다는 것이다. 진표 율사는 진흥왕 14년553년 의신조사가 창건한 법주사를 중수하였다고 한다.

이제 725m 봉과 703m 봉을 지나 오르막을 쉼 없이 오르니 속리산 구간별 탐방 안내도가 나오고 천왕봉까지는 0.6km 남아 있다. 피앗재에서 약 5km 구간을 진행하는데 2시간 50분이 소요되었다. 천왕봉을 지나더라도 난이도가 높은 문장대~늘재 구간이 남아 있어 긴장을 늦추지 않는다.

이어 산죽 군락을 지나 11시 50분, 해발 1,058m 천왕봉天王峰에 도착한다. 누구도 쉽게 범접할 수 없을 만큼 울퉁불퉁한 바위로 이뤄진 천왕봉은 일제 때 창씨개명의 일환으로 천황봉天皇峰으로 바뀌었으나 2007년 국토지리원이 지명 변경을 고시하여 현재의 이름으로 변경되었다.

속리산 천왕봉, 3개의 정맥을 일궈내

천왕봉은 서북으로 뻗어 경기도 안성 칠장산七長山에 이르는 147.5km의 한남금북정맥 시작점이기도 하다. 천왕봉에서 말티고개~선도산~청주 상당산성~구좌산~보현산~칠장산으로 이어지는 한남금북정맥은 칠장산에서 서북쪽으로 김포 문수산文殊山까지 한남정맥을, 서남쪽으로는 태안반도 안흥까지 금북정맥을 만들어놓았다. 한반도 13개 정맥 중 3개를 빚어놓은 것이다.

천왕봉 정상은 비에 젖은 채 쉼 없이 몰려드는 운무로 시야는 100여m도 채 되지 않는다. 지나야 할 문장대와 건너 관음봉 등을 조망할 수 없어 아쉽다. 셀카로 인증샷을 하고 이제 문장대까지 3.9km 산행

에 나선다.

  헬기장을 지나 약 300m 급경사를 내려오니 '심장마비 사망사고 지역'이라는 안내판과 함께 문장대 3.1km 이정표가 보인다. 바윗길은 젖어 있고, 흙길은 물이 고여 질척거리는 곳이 많다. 법주사 갈림길법주사 5.1km과 돌탑, 천왕석문을 지나 비로봉을 오른다.

  운무 속에 숨어 있던 송이버섯 바위와 엄지 바위, 고릴라 바위, 원숭이 바위 등이 산객이 지남에 따라 모습을 드러낸다. 그 모습은 마치 억겁의 세월 속에 도를 닦고 있는 수도승처럼 느껴진다.

  법주사·경업대 갈림길을 지나 길게 이어진 나무계단을 오르내리고 암릉을 지나 신선대에 도착한다. 신선대 휴게소에서 문장대까지는 약 1km. 돌로 계단을 만들어놓은 내리막을 지나고 다시 돌계단을 깎아서 만들어놓은 오르막에 오르니 날씨가 어느 정도 개는지 시야가 제법 넓어지고 건너편에 통신탑과 그 옆에 우뚝 솟은 문장대가 희미하게 조망된다.

이어 문수봉을 지나 드넓은 문수봉 사거리에 도착하니 화북 방향에서 올라온 사람들이 드문드문 보인다. 잠시 후 문장대에 도착한다.

　해발 1,054m인 문장대文藏臺는 큰 암석이 하늘 높이 치솟아 흰 구름과 맞닿은 듯한 절경을 이루고 있어 운장대雲藏臺라 불리었다고 한다. 그러다가 신병 치료 차 속리산을 찾은 세조가 복천암에 머물던 당시 신하들과 더불어 시를 지었다 해서 문장대라 불렀다 한다.

　천왕봉보다 4m가 낮아 속리산의 주봉이 되지는 못했지만 산마루는 약 50여 명이 앉을 수 있을 정도의 넉넉한 반석인데다 속리산과 인근 산군들의 절경을 한눈에 바라볼 수 있어 속리산에서 가장 붐비는 봉우리다. 문장대 우측으로는 묘봉, 상학봉, 관음봉이 조망된다.

문장대~늘재 구간, 언제 지나도 '오금이 저려'

　북쪽으로는 저 아래 헬기장이 보이고, 그 너머로 칠형제봉이 조망된다. 지나야 할 저 구간이 문장대~밤티재~늘재에 이르는 약 7km 비법정 탐방로다. 대간 길은 헬기장을 지나 오른쪽으로 이어지지만 등산로가 정비되지 않는 암릉 구간인데다 방금까지 비가 내려 사뭇 긴장감이 더한다. 마음속에 기합을 넣고 밤티재로 향한다.

　이정표가 없기 때문에 나뭇가지에 매달려 있는 대간리본이 유일한 등산 가이드다. 마루금의 흐름과 다른 사람의 발자국 흔적, 그리고 대간리본 등을 종합적으로 고려하여 조심스레 진행한다.

　어떤 구간에서는 한손으로 스틱을 모아 쥐고, 한손으로 바위옹이를 잡고 올라서기도 하고, 또 조붓한 구멍바위를 통과할 때는 배낭을 먼저 내리고 몸을 비스듬히 뒤로 기댄 채 슬금슬금 내려간다. 또 바위틈을 지날 때는 로프에 의지해 옆으로 기다시피 통과하기도 하고, 깎아지른 내리막을 통과할 때는 스틱을 접고 몸을 뒤로하여 밧줄을 잡고 내려서기도 한다. 어떤 구간에서는 좁은 바윗길에 발이 끼기도 한다. 말이 등산이지 거의 암벽등반에 가깝다.

이러한 산객의 수고를 아는지 오후 3시쯤 되자 내리던 비도 그치고 기암괴석들의 절경과 마루금 우측으로 화북면 장암리가 조망된다.

험로를 3시간여 지난 오후 5시 30분경 끝에 밤티재 앞 견훤산성 갈림길에 도착한다. 견훤산성은 이곳에서 오른쪽으로 가는데 표고 약 400m의 속칭 장바위산을 에워싼 성벽으로 길이는 약 1km에 이르며 잘 보존된 남은 성벽은 너비 6m, 높이 15m나 되는데 『상주읍지尙州邑誌』에는 '성산산성城山山城'이라고 하였으며, 견훤이 축성한 것으로 기록되어 있다.

산성 갈림길에서 대간 길을 직진하는데 조금 지나니 무덤이 나오고,

곧이어 밤이 많이 나와 밤재라고 일컫는 밤티재에 도착한다.

이어 997번 포장도로를 건너 출입금지 표시판을 지나 오른쪽 급경사를 올라 늘재로 향한다. 696m 봉 못 미쳐 뒤를 돌아보니 어느새 속리산은 저 멀리 있다. 오늘은 빗속에서 산행한데다 비법정 등산로를 통과하며 긴장한 탓에 체력소모가 많았다.

696m 봉을 지나 오른쪽으로 난 급경사 내리막을 따라 내려오다 보니 장암면 늘티마을과 그 너머로 천왕봉 능선이 보인다. 숲 사이로 다음 구간인 청화산 구간의 모습도 조망된다.

이어 내림 길을 계속하여 오후 6시 35분, 해발 380m 늘재에 도착한다. 늘재는 상주와 괴산을 연결하는 32번과 49번 지방도가 지나는 곳으로 한강과 낙동강의 분수령이다. 오르는 고개가 완만하여 늘어진다고 해서 늘재라 부르게 되었다고 한다. 오늘 어려운 구간을 무사히 마친 데 대해 안도하며 산행을 마감한다.

16 대야산에서 길을 잃고 크게 헤매다

제16구간 늘재~청화산~조항산~고모치~밀재~대야산~촛대봉~버리미기재

산행 날짜 2014. 7. 24(목)
산행 거리 16.35km
산행 시간 12시간 40분(06:35~19:15)

속리산은 밤티재에서 몸을 낮췄다가 다시 696m 봉을 봉긋하게 올린 다음 늘재로 떨어져 숨을 고른다. 그리고 오늘 지나야 할 청화산과 조항산, 대야산을 들어 올린다.

간간이 비가 내리는 가운데 아침 6시 35분, 늘재 성황당 옆을 지나 오르막 길로 들어선다. 숲길로 이어진 야트막한 능선길을 조금 오르니 청화산 정상 2.2km라는 이정표가 있고, 10여 분 더 오르니 국가의 평안을 기원하는 '정국기원단靖國祈願壇'이 나온다. 한 사업가가 국가의 평안을 비는 뜻에서 세운 비석인데 그 뒤로 어제 지나온 696m 봉과 저 멀리 삐쭉삐쭉 솟은 속리산 영봉들이 구름 사이로 보인다.

　로프가 매어진 내리막길을 지나 다시 20여 분 급경사를 오르니 넓고 평평한 전망대가 나온다. 이어 오르막 암릉 지대를 지나 8시 15분, 늘재에서 1시간 40분 걸려 청화산靑華山, 984m에 도착한다. 커다란 바위 위에 정상석이 새겨져 있는데 늘재의 잠룡潛龍이 승천하는 형국인 청화산은 부드러운 능선과 날카로운 암릉이 적절히 조화를 이루고 있다.

이중환이 최고의 복지라 칭찬한 청화산

　조선 후기의 학자로『택리지擇里志』를 쓴 이중환李重煥, 1690~1756은 청화산에 올라 주변을 굽어보고 이곳이 최고의 복지福地라 칭찬했다고 한다. 이중환은 산의 이름을 따 호를 '청화산인靑華山人'이라 했다.

　청화산에서 10여 분 진행하니 도석재 갈림길이 나오는데 우측은 도석재 가는 길이고 대간 길은 좌측으로 급히 꺾여 내리막길로 진행된다. 이곳을 지나 858m 봉에 오르니 시야가 시원하게 트이고 지나온 청화산 마루금이 용의 등처럼 꿈틀거리며 늠름하다. 또한 지나야 할 조항산과 대야산의 등줄기가 힘차게 보인다.

조금 더 진행하니 887m 봉이 나타나는데 봉우리를 옆으로 돌아 바위에 올라서니 조항산이 가까이 보이고 좌측으로 저 멀리 괴산군 청천면 의상저수지가 조망된다. 골산骨山다운 풍채가 돋보이는 조항산의 모습이 산뜻하고 아름답다.

이어 간간이 나타나는 바윗길과 경쾌한 오르내림을 반복하여 12시 정각에 조항산鳥項山, 953m에 오른다. 조항산은 봉우리가 새의 목처럼 생겨서 그렇게 이름이 붙여졌다고 한다.

정상에는 단정하게 표지석이 세워져 있고, 건너편으로 지나야 할 대야산이 조망된다. 조항산에서 대야산을 가려면 고모치(령)와 밀재를 거쳐야 한다. 정상에서 고모치까지는 1.2km로 급경사 내리막이다. 고모치에서 동쪽으로 약 10m 정도 아래에 있는 고모샘의 물맛은 언제 먹어도 참으로 시원하고 좋다.

고모치를 뒤로하고 오르막길을 40여 분에 걸쳐 힘들게 오르니 마귀할멈통시바위 갈림길이다. 이곳에서 우측으로 마귀할멈통시바위에서 손녀마귀통시바위~둔덕산으로 이어지는데, 대간 길은 좌측 내리막이다. 통시는 변소화장실의 방언이고, 둔덕산은 정상의 바위 모양이 여인의 둔덕 같다 하여 붙여졌다고 한다.

이어 거대 바위인 집채바위와 사람 입 모양으로 구멍이 뚫린 구멍바위를 지나 로프가 있는 급경사 내리막을 지난다. 급기야 출입금지 표시가 있는 밀재에 도착한다. 밀재에서 오른쪽은 용추계곡 방향이며 왼쪽은 화양구곡이다.

밀재에서 대야산 오르는 구간은 통제구간이지만 길은 잘 닦여 있다.

초입은 나무 테크를 통해 500여m 오르다 보면 시야가 확 트인 암릉 구간이 나온다. 바위를 타면서 릿지 산행을 해볼 수도 있지만 길이 미끄러워 왼쪽으로 우회로를 택한다.

이어 여러 사람이 쉴 수 있을 정도의 넓고 거대한 대문바위를 지나 로프를 잡고 험한 암릉대를 오르내리니 대야산 정상이다. 조항산에서 대야산까지는 5.25km 구간이지만 확인하고 또 확인하며 걷는다는 신념으로 서행한 탓에 4시간이 소요됐다. 대야산 정상에 서니 저 아래 가까이는 촛대봉~곰멈이봉에서 장성봉까지, 멀리는 악휘봉~구왕봉~희양산 등 마루금 주봉들이 구름 속의 섬처럼 조망된다.

대야산 200여m 직벽 구간 '참으로 아찔'

대야산 정상에서 날머리인 버리미기재까지는 4.1km다. 뫼솔산악회 대간 시에는 퍼붓는 소나기 속에 힘겹게 올랐던 직벽 로프 구간을 오늘은 반대로 내려가야 한다. 이 직면 구간은 짐작컨대 세 구간으로 나뉘어 200여m 남짓한 직벽을 오직 로프에만 의지해 한 사람씩 지나야 한다. 그래서 눈 오는 겨울철이나 비가 많이 내릴 때는 팔 힘이 약한 사람들에게 매우 위험한 구간이다.

직벽 구간이 끝난 뒤에도 가파른 내리막은 길게 이어지고, 평범한 내리막으로 이어지다가 다시 커다란 봉우리를 로프를 잡고 올라서면 비로소 촛대봉668m에 도착한다.

촛대봉에 올라 대야산 정상을 바라보니 마치 사냥을 앞둔 독수리가 날개를 펼치고 목표물을 내려보는 듯한 형상으로 위엄 있게 보인다.

이어 옛 이름 '불한령不寒嶺'인 불란치재에 도착한다. 원래 춥지 않은 고개라는 의미의 '불한재'에서 변음되어 불란치재가 되었다고 한다. 불란치재는 괴산 칠성면과 문경 가은읍을 잇는 고개인데 신작로인 버리미기재가 개설되기 전까지 주요 교통로였다. 이곳은 대야산과 장성봉에 가로막히고, 촛대봉과 곰넘이봉 사이의 깊은 계곡에 자리하고 있어 온화한 기운이 감도는 지역이라고 한다.

불란치재에서 곰넘이봉까지 간단한 오르막일 거라고 생각한다면 큰 오산이다. 약 30여 분에 걸쳐 암릉 지대와 로프 구간을 통과하여 표고 200m를 치고 올라야 한다. 구슬땀을 흘리며 해발 733m의 곰넘이봉에 도착한다.

곰넘이봉의 널따란 바위 정상에 앉아 잠시 휴식을 취한 후, 다시 기

운을 얻어 1km 남짓 내리막 구간을 내려가니 오늘의 종착지인 버리미기재다. 시계는 오후 7시 15분을 가리키고 있다. 산행 거리에 비해 시간이 많이 걸린 것은 비법정 탐방로인 대야산~버리미기재 구간에서 대간 표지판이 전무하여 길을 잃고 헤매는 바람에 약 2시간 정도의 알바를 했기 때문이다.

버리미기재는 괴산군 청천면과 문경시 가은읍을 연결하는 922번 지방도가 지난다. 버리미기재의 유래는 옛날에 아홉 번 시집 가서 자식이 여럿인 한 과부가 이곳에 살면서 자식들을 벌어먹이기 힘들어 맨날 "하이고, 와 이리 버리미기(벌어먹이다의 경상도 사투리)가 힘드노"에서 유래했다고 한다. 또 하나의 학설은 '보리먹이'로 보리나 지어먹던 궁핍한 곳이라는 의미도 있다고 한다.

17 희양산 '하얀 암봉' 나를 전율케 해

제17구간 버리미기재~장성봉~827m 봉~악휘봉 갈림길~호리골재~
희양산 갈림길~성터~은티마을

산행 날짜 2014. 7. 25(금)
산행 거리 16.20km
산행 시간 9시간 20분(06:15~15:35)

    흐린 날씨에 비가 오락가락하는 가운데 아침 6시 15분, 산행에 나선다. 버리미기재에서 장성봉915m까지 오르는 1.5km의 가파른 구간은 바람이 없어 아침 시간인데도 땀이 많이 흐른다.

    이마에서 뚝뚝 떨어지는 땀을 훔치며 30여 분 된비알을 오른다. 그런대로 시야가 좋아 뒤를 돌아보니 지나온 대야산의 산줄기와 우측으로 희양산의 하얀 화강암 암봉이 위용을 드러낸다. 잠시 조망이 좋은 곳에서 땀을 식히고, 다시 가파른 비탈길을 올라 7시 50분, 장성봉長城峰, 915m에 다다른다. 이름으로 보면 '긴 성'이라는 뜻이나 멀리서 보면 암봉처럼 보인다. 정상 주변은 잡목이 둘러싸고 있어 조망은 없다.

    장성봉에서 좌회전하여 1.5km 정도 내려가니 막장봉 갈림길이 나온다. 막장봉幕場峰, 868m은 마루금에서는 벗어나 있지만 북쪽으로는 칠보산을, 남으로는 대야산을 마주

보고 있다. 기암괴봉과 낙랑장송이 어우러져 장관을 이루는데 그 모습이 광산의 갱도처럼 생겼고, 마지막에 있는 봉우리라 하여 막장봉으로 부른다. 하지만 가는 길이 만만치 않아 왕복하는 데 40여 분이 소요된다.

막장봉 삼거리에서 악휘봉까지는 4.5km인데 길이 비교적 순탄하다. 827m 봉과 809m 봉, 785m 봉을 오르내리며 2시간 30분여를 진행하여 오전 10시 25분, 악휘봉 삼거리에 도착한다.

악휘봉은 삼거리에서 좌측으로 비켜나 있다. 악휘봉에 오르면 저 멀리 북쪽으로 국립공원 월악산 부봉과 영봉이 선명하게 보이고, 동쪽으로는 희양산이, 남쪽으로는 대야산과 그 너머 속리산의 봉우리들이 마치 진시황의 병마총처럼 우리의 산하를 지키고 있다. 또한 정상 바

로 밑의 선바위는 마치 스님이 입는 가사처럼 여기저기 돌이 덧대어져 기워진 듯한 모습이다.

악희봉 갈림길을 지나 2.8km 거리인 호리골재로 향한다. 은티고개까지는 계속 내리막이었다가 주치봉에서 한 번 솟고 다시 내리막 끝 지점에 호리골재가 있다. 내리막이면서도 암릉이 많은데다 표고 차 때문인지 갈증이 더 느껴지며 피로감도 더하다.

내리막 숲길과 급경사 로프 구간을 지나 은티고개에 도착한다. 좌측으로는 은티마을이나 우측은 나무 바리케이드로 막혀 있다. 봉암사 가는 길로 1982년부터 수도에만 정진할 수 있도록 사찰은 물론 일대 임야까지 일반인의 출입을 금지했다고 한다. 매년 석가탄신일에만 산문을 여는데 그것도 경내로 방문을 제한한다고 한다. 언젠가 기회가 되면 그날을 맞춰 가봐야겠다.

봉암사는 꽤나 유서 깊은 절인가 보다. 유래를 검색해 보니 신라 고

승 지증대사가 문경을 둘러보고 산세와 지리에 반해 봉암사를 세웠다고 한다. 이후 희양산은 우리나라 구산선문九山禪門의 종찰로 우뚝 섰다. 봉암사는 한국 불교의 선풍禪風을 크게 일으킨 곳이다. 일제강점기 때 한국 불교는 왜색화로 급속히 타락의 길로 들어선다. 난맥에 빠진 한국 불교를 바로 세우기 위해 성철, 청암, 자운 등 50여 스님이 희양산에 모여 이른바 '봉암사 결사'를 결행했다. 한국 불교사에 한 획을 긋는 사건이었지만 구호는 간결했다. '오직 부처님 법대로'.

서기 어린 희양산과 그 아래 천년고찰 봉암사

그런 은티고개를 두고 가파른 주치봉683m을 오르려 하니 숨이 턱 막힌다. 계속 내리막을 걷다가 된비알을 치고 올라가는 산행은 항상 쉽지 않은 것 같다. 옮기고 쉬기를 반복하여 오전 11시 40분, 호리골재일명 오정봉고개에 도착한다.

호리골재에서 구왕봉을 지나 희양산까지는 2.7km다. 호리골재에서 1.4km인 구왕봉까지 표고 차는 거의 300여m로 680m 봉과 마당바위 등 3단계의 오르막을 지난다. 구왕봉九王峰, 879m은 신라 헌강왕 5년879년, 지증대사가 산자락에 봉암사 자리를 정하고 그 자리에 있던 큰 못을 메울 때 신통력을 발휘하여 못에 살고 있던 용을 구룡봉으로 쫓았는데 그곳이 바로 구왕봉이라 한다.

구왕봉에서 지릅티재 방향으로 50여m 내려서니 희양산 정상이 잡힐 듯 선명하게 다가온다. 하늘을 향해 치솟은 암봉의 기세가 늠름하다. 이제 하늘은 거의 개어 맑고 푸른 하늘 위로 뭉개구름이 떠 있다. 아래는 희양산의 뽀얀 살결이 그리고 그 아래로 아스라이 이어진 천년고찰 봉암사의 풍광이 서기를 자아낸다. 이러한 선경을 언제 또 맛

볼 것인가?

구왕봉에서 지릅티재까지는 570여m에 이르는 급경사 내리막으로 수없이 이어지는 로프 구간을 통과한다. 이정표를 보니 희양산까지 1.5km 남아 있다. 지릅티재 오른쪽 아래에는 임시 막사 같은 게 있고, 등산로와 막사 사이에는 목책 바리케이드가 처져 있다. 목책은 희양산으로 가는 비탈을 따라 계속 이어진다. 이것 또한 등산객의 통행을 막기 위해 봉암사에서 설치한 것이다.

지릅티재에서 희양산 갈림길까지는 깎아지른 듯한 오르막이다. 큰 표고 차를 두고 이어지는 산행은 더디다. 특히 갈림길 100여m를 앞둔 지점의 직벽 로프 구간은 언제 봐도 아찔하다. 이곳은 사람이 많을 경우 병목현상이 심한 곳이다. 오후 1시 25분, 희양산 정상과 백두대간

시루봉으로 갈리는 희양산 갈림길에 도착한다. 그곳에서 5분 정도 더 지나 해발 998m의 희양산曦陽山 정상에 다다른다.

희양산 정상에서 본 조망은 참으로 장관이다. 건너편으로는 방금 지나온 구왕봉이 힘차게 솟아 있고 봉암사가 있는 봉암용곡 너머에는 대야산이, 서쪽으로는 백두대간을 연결하는 장성봉과 악휘봉·민주지산 등이 보인다. 북쪽은 참나무 숲에 가려 시루봉의 일부만 보이지만 동북쪽으로는 백화산·운달산·주흘산 줄기가 막힘없이 조망된다.

산 전체가 하나의 바위처럼 보이는 특이한 생김새 때문에 멀리서도 쉽게 알아볼 수 있는 희양산은 100대 명산 중 하나이며 산세가 험해 한말에는 의병의 본거지이도 했다.

언제 가도 고향집 같은 은티마을 '백두대간 쉼터'

희양산 갈림길을 지나 시루봉을 향하여 20여 분 가다 보면 해발 928m 지점의 희양산성에 닿는다. 신라 마지막 왕 경순왕 3년에 견훤과 왕건을 경계하여 성을 쌓았다고 하니 후삼국시대 당시 이곳은 더없이 중요한 전략적 요충지였나 보다. 한때 경순왕은 봉암사 극락전으로 피신하여 기거했다고 하니 희양산은 무너져가는 신라의 사직을 지키려는 마지막 보루가 아니었을까 하는 생각이 든다.

성터를 지나면 은티마을로 내려가는 성터 삼거리가 나온다. 이정표에는 희양산 1km, 시루봉 2.2km, 은티마을 3.2km로 나와 있다.

오늘 대간 산행은 이곳에서 마감하고 좌회전하여 은티마을로 향한다. 은티마을은 언제 가도 고향처럼 아늑하고 좋다. 성터 삼거리에서 희양폭포를 지나 오후 5시 55분, 은티마을 입구에 있는 민박집 겸 식

당인 '백두대간 쉼터'에 도착한다. 주인아주머니가 반갑게 맞아주며 삼계탕을 내놓는다. 주인아주머니의 말에 의하면 지금은 예전 전성기에 비해 대간꾼들이 1/10로 줄었다고 한다.

희양산 자락에 피곤한 몸을 의탁한다. 2층 공간을 혼자 이용하면서 대간꾼들이 다시 많아져 지역 경제 활성화에 조금이나마 기여했으면 좋겠다는 생각을 해보았다.

18 이화령 지척에 두고, 돌고 또 돌아

제18구간 은티마을~성터~이만봉~사다리재~평전치~
백화산~황학산~조봉~이화령

산행 날짜 2014. 7. 26(토)
산행 거리 19.35km
산행 시간 11시간 45분(06:20~18:05)

    은티마을에서 편한 마음으로 하룻밤을 보내고 아침 6시 20분, 어제 내려왔던 길을 역으로 성터를 향해 오른다. 등산로 옆 과수원의 사과나무에는 주먹만 한 사과들이 주렁주렁 매달려 있다. 아침부터 비가 내리고 날씨는 찌푸려 있지만 종착지인 이화령에서 두 번째 지원 산행을 나와 나를 기다릴 외대산악회 선후배와 오사산악회 친구들을 생각하니 발걸음이 가볍다.

    은티마을을 출발해 조금 지나자 희양산 3.6km, 구왕봉 3km라는 이정표가 나온다. 좌측으로 진행하여 희양폭포 지나 8시 45분, 성터에 도착한다. 어제 1시간 40분가량에 걸쳐 하산하였던 길을 2시간 40여 분에 걸쳐 오른 것이다.

    성터를 지나 20여 분에 걸쳐 작고 큰 봉우리 두 개를 오르고 내려서니 배너미평전이다. 천지개벽 때 배가 이곳까지 올라왔었다는 전설이 있다. 마치 지리산의 세석평전처럼 분지를 이룬 곳으로 숲이 울창하며 왼쪽에는 시원한 계곡물이 흐른다. 배너미평전 이정표에는 은티마을 50분, 시루봉 20분, 희양산 40분으로 적혀 있다.

이곳은 헷갈리기 쉬운 지점인데 대간리본을 따라 계곡 물소리를 옆에 두고 시루봉 쪽으로 직진해야 한다. 여기서 10여 분 오르면 시루봉과 이만봉 갈림길로 대간 길이 아닌 시루봉914m까지는 왕복 30여 분 소요된다.

1·2차 대간 산행 시 시루봉에 들른 바 있으므로 오늘은 갈림길에서 이만봉으로 향한다. 평탄한 능선 길을 지나 로프가 매어져 있는 오르막 암릉을 올라 11시 10분 이만봉990m에 도착한다. 정상은 좌측 연풍면 분지리 쪽에서 끊임없이 유입되는 운무에 감싸여 있다. 대리석에 흰 글씨로 '이만봉'이라 쓰여 있는데 정상은 나무가 우거져 조망이 없다. 정상석 하단에 시루봉 2.1 km, 백화산 4.7km라고 적혀 있다. 이만봉은 임진왜란 때 2만여 가구가 피난을 와서 생긴 이름이라고 한다.

이만봉에서 백화산 방향으로 약 15분에 걸쳐 날카롭고 비좁은 암릉 지대를 지나 곰틀봉에 오른다. 옛날에 반달곰이 살았다고 해서 이름 붙여진 곰틀봉에는 고사목이 표지석 역할을 하고 있는데 시야가 확 트여 좋다. 곰틀봉에서 내리막 암릉 지대를 내려와 12시 5분, 사다리재에 도착한다. 이정표엔 분지 안말 1.9km, 백화산 4.8km, 이만봉 1.2km로 나와 있다.

이곳에서 대간 길은 직진하여 조그마한 봉우리를 향하는데 뇌정산 갈림길까지는 1.6km다. 돌들이 모로 누워 발 딛기가 불편한, 톱날처

럼 뾰족이 선 바위 지대를 지나면 비교적 좋은 길이 나타나는데 멧돼지들이 많이 서식하여 등산로 양옆은 마치 트랙터로 돌밭을 갈아엎어 놓은 듯 여기저기 파헤쳐 있다.

사다리재에서 동쪽 바위로 올라 뇌정산 갈림길까지는 완만한 능선 길로 낮은 봉우리를 여러 개 넘게 되는데 울창한 수림으로 뒤덮여 평소에도 전혀 전망이 없다. 뇌정산 갈림길 이정표에는 이화령 9.1km, 뇌정산 2.6km, 백화산 2.1km로 나와 있다. 오른쪽은 뇌정산 가는 방향이고 백화산으로 향하는 길은 왼쪽이다. 이곳에서 왼쪽으로 봉우리를 내려갔다가 다시 조그만 봉우리를 오르면 대간리본들이 많이 붙어 있는 981m 봉에 오른다. 이어서 완만한 능선이 이어지고 곧이어 평전치平田峙에 도착한다.

병인박해 때 천주교 교인들의 은신처, 평전치

평전치는 문경시 마성면 상내리와 괴산군 연풍면 분지리 안말과 경계를 이루고 있으며, 인근마을에서는 '평밭등'이라 부르기도 한다.

평전치는 1866년 병인박해 당시 천주교인들이 대원군의 박해를 피해 지친 몸을 숨긴 천혜의 은신처였다. 한국 천주교는 1784년 창립 이후 17년이 지나 일어난 신유박해 때 조선교회의 유일한 목자이던 주

문모 신부를 비롯하여 주요 창립 지도자들을 잃었다.

　이후 교우들은 신앙을 지키기 위해 사람이 살지 않는 심산유곡인 태백산맥과 소백산맥을 낀 경상도와 강원도로 삶의 터를 옮겨 신앙을 지켜나가게 된다. 그중 평전치 일대도 경상도와 충청도를 잇는 신앙의 길목이요 교차로였다고 한다.

　평전치에서 암릉 지대와 흙길을 교차하며 50여 분 진행하자 백화

산 0.4km를 앞두고 거대 암벽이 막아선다. 대간 길은 왼쪽으로 돌아서 올라가게 되어 바위 언덕길을 힘들게 올라가니 1,001m 봉이다. 바로 눈앞에 백화산 정상이 보인다. 로프가 매어져 있는 바위 구간과 암봉을 지나 오후 3시 10분, 백화산白華山, 1,063m 정상에 도착한다.

　백화산은 충북 괴산군과 경북 문경시의 경계를 이루면서 괴산군에서는 가장 높은 산이다. 조

망은 사방팔방으로 압권이다. 백화산이라는 이름은 겨울철에 눈 덮인 산봉우리의 모습이 하얀 천을 씌운 듯이 보여 붙여진 이름이라고 한다.

시루봉에서 이화령까지 가로지르면 두세 시간 거리지만 대간 길은 분지리 안말 괴산군 연풍면을 구심점으로 이만봉~백화산~황악산~조봉으로 크게 에워싸며 이어진다. 시인 이용주는 이러한 지형적 특성에 대해 그의 시 '백화산'에서 다음과 같이 노래하고 있다.

백 화 산

이용주

시루봉에서
이화령고개 굽어보니
걸어서 두세 시간 거리
지척에 두고 돌고 돌
열 시간도 채 넘고 넘어...

평전치에 두 다리 쭉 뻗고
흰 두리마을
농가에 새어나온 불빛 바라보니
힘이 쭈욱 빠져 세상이 다 싫다

병풍을 두른듯
흰 눈 소복히 쌓여

그림처럼 우뚝선 풍경마저
나 싫으면 소용없으련만…

지칠레라
다 제쳐두고 확 돌아설까?
한숨 소리 더 커지기 전에
백화산 떼어놓고 미친 듯 달려가리라.

분지리 안말을 중심으로 돌고 도는 백두대간

백화산에서 황악산까지는 1.7km 다. 대간 길은 좌측 내리막길로 이어지고 내리막을 조금 내려가면 헬기장이 위치한다. 잠시 후 옥녀봉 갈림길이 나오데 10여 분 더 가서 오른쪽 바위틈으로 로프가 매여 있는 지점에서 주의를 요한다. 두어 차례 로프 암벽 길을 더 오르면, 넓은 헬기장을 기점으로 부드러운 흙길이 이어지고 곧이어 황학산912m 정상에 도착한다.

황학산은 경북 문경시 문경읍과 충북 괴산군 연풍면의 경계를 이루는 산으로, 백두대간의 중추를 이루고 있으나 바로 옆에 솟아 있는 백화산에 가려 잘 알려지지 않은 산이다.

부드러운 흙길을 지나 10여 분 내려가니 흰드메 갈림길이 나오고,

　낙엽송 숲을 따라 완만한 오르막을 오르니 862m 봉이다. 대간 길은 우측 내리막으로 이어지고 산책길처럼 편안한 숲길 사이를 무념무상의 상태로 걷다 보니 분지같이 평평한 곳에 물이 제법 차 있는 작은 연못 같은 웅덩이가 있다. 저지대라서 여름 장마철엔 물이 더 많이 고여 있는 듯하다.

　웅덩이를 조금 지나 헬기장을 두 개 지나고 나니 조봉673m에 도착한다. 오늘 산행은 오락가락하는 비로 조봉까지는 이렇다 할 조망은 없지만 여름날치고는 바람이 시원해 산행하기에는 최적이다.

　조봉을 통과하고 군부대 철조망을 끼고 우측으로 돌아 내려가 오후 6시 5분, 해발 548m 이화령梨花嶺에 도착한다. 2012년 대간 2차 산행 시 그동안 끊어졌던 조봉과 조령산 사이 이화령 구간의 복원사업이 한참이었는데 터널공사도 완전히 복원되어 있었다.

이화령의 옛 이름은 이우리고개_{이유릿재}로 일제시대부터 이화령으로 표기하였다고 한다. 이를 우리말로 풀면 '배꽃고개'라는 아름답고 정겨운 이름인데 따지고 보면 이 고개는 배꽃과 아무런 상관이 없는 곳임을 알게 된다.

문경시에서는 2007년부터 이화령이라는 지명을 폐기하고 '이유릿재'라는 고유의 이름을 쓰기로 했다고 한다.

이화령 쉼터에서 지난 덕유산 구간에 이어 외대산악회 후배 용택, 정광식, 제갈무영, 채경석, 범원택, 신혜림들과 오사산악회 1차 백두대간 종주를 함께 한 양영대, 김종열 산우들을 다시 만났다. 쉼터 정  자에 자리를 잡고 이들이 정성스럽게 준비해 온 생선회와 장어, 삼겹살, 오리고기 등 산해진미로 그동안 산행에서 쌓인 피로를 말끔히 씻어낸다.

19 오늘 구간은
지금까지 대간 길 중 '최고'

제19구간 이화령~조령산~신선암봉~깃대봉~조령~마역봉~
동암문~평천재길~탄항산~하늘재

산행 날짜 2014. 7. 27(일)
산행 거리 17.47km
산행 시간 12시간 50분(06:40~19:30)

오늘 아침 날씨는 흐리다. 하지만 어제 도착한 외대산악회 후배들이 조령 제3관문까지 함께 산행한다 하니 기쁘고 가볍다.

이화령을 출발하기 전 기념촬영을 하고, 아침 6시 40분 산행을 시작한다. 이화령에서 조령 제3관문까지는 산 전체가 하나의 바위로 이

루어진 듯한 거대한 바위산이다. 특히 오전 코스는 암벽이 대부분이라 조심을 요한다.

다시 재회한 외대산악회 후배들과의 즐거운 산행

이화령에서 참나무 숲을 따라 30여 분 오르니 헬기장이 있는 759m 봉에 도착한다. 주변엔 달개비라고도 부르는 분홍빛 꽃잎에 노란 화관을 한 닭의장풀이 보인다. 꽃잎이 닭의 벼슬을 닮았다 하여 그런 이름을 붙였는데, 당나라 시인 두보는 '꽃이 피는 대나무'라 하여 특히 좋아했다고 한다. 잎만 보면 영락없이 댓잎이다.

759m 봉에 헬기장 두 개를 지나 약 20여 분 오르면 삼거리를 만나게 되는데 이곳에서 직진하면 조령샘을 거치지 않고 대간 마루금을 이어가게 되고, 우측 길로 진행하면 조령샘을 거쳐 대간 마루금을 이어갈 수 있다.

조령산 정상 15분, 이화령 2km, 50분이라는 표지판이 있는 삼거리를 지나 조금 더 오르니 조령샘이다. 조령샘을 지나니 가파른 나무계단이 나타난다. 조령산 정상이 머지않았다는 신호다. 일행은 담소를 나누며 혹은 묵언수행하듯이 동자꽃과 돌창포 사이로 묵묵히 한 걸음 한 걸음 발을 뗀다. 어느새 정상 능선에 들어서고 좌측 아래 괴산군 연풍면 쪽을 바라보니 들판이 온통 푸르다.

충북 괴산군 연풍면과 경북 문경시 문경읍의 경계선상에 자리 잡은 조령산鳥嶺山, 1017m은 사계절 많은 산객들이 찾는 명산이지만 숲이 우거져 이렇다 할 조망은 없다. 그래선지 몰라도 정상석 옆에 작은 기둥으로 서 있는 '山岳人 지현옥' 추모비가 더욱 눈길을 끈다.

한국의 대표적인 여성 산악인 지현옥池賢玉, 1961~1999 씨는 1961년 충남 논산 태생으로, 조령산 암벽 등반을 거쳐 에베레스트와 안나푸르나 등 세계 고봉 7개를 등정한 여성 산악계의 독보적인 존재였다. 그러나 1999년 외대산악회 후배인 엄홍길과 함께 안나푸르나를 등정하고 하산하던 중 실족사했다니 안타까운 일이다. 후배들이 세웠다는 추모비에는 이렇게 적혀 있다.

'들꽃처럼 산들산들 아무것도 없었던 것처럼 영원히 자연의 품으로 떠난 지현옥 선배를 그리며…'

산악인 지현옥의 명복을 빌고

정상을 지나 계속 직진하자 나뭇가지 사이로 조령산 자락의 위용이 조금씩 모습을 드러낸다. 운무로 산자락의 윤곽은 선명치 않지만 산세가 범상치 않다. 정상에서 5분여 직진하여 만난 전망대 안내판에는 신선암봉과 신선봉, 깃대봉, 마패봉, 928m 봉, 월악산 등이 잘 표기되어 있다.

시야가 비교적 좋아 신선암봉에서 아래로 이어지는 능선이 마치 백호白虎들이 줄지어 세상으로 내려가는 듯한 모습이다. 신선암봉에서 928m 봉과 깃대봉으로 이어지는 대간의 능선도 선명하게 조망된다. 만약 겸재 정선鄭敾이 오늘 이곳에 있다면 분명 '조령제색도鳥嶺霽色圖'를 그릴 법하다.

전망대 단애斷崖의 로프 구간을 지나니 이화령 3.7km, 신선암봉 0.9km, 제3관문 4.6km라는 표지판이 서 있는 안부에 도착한다. 특히 오늘 산행의 홍일점 신혜림 후배00학번는 남자 산우들에 비해 전혀 뒤지지 않는 파워로 위험 지대를 능숙히 통과한다.

안부에서 신성암봉을 향해 오르는 암릉도 좋지만 좌우 주변 경치도 일품이다. 깎아지른 바위틈에는 풍상을 이겨낸 소나무들이 각자 다양한 형태로 질긴 생명력을 자랑한다. 본격적으로 암릉과 로프 산행의 연속이다.

이윽고 9시 45분, 신선이 놀다갔다는 신선암봉에 도착한다. 신선암봉에서 사방을 돌아보니 황홀함에 취해 마치 신선이 된 듯한 기분이다. 일행은 잠시 휴식을 취하며 그동안 더워진 심장을 식힌다.

신성암봉에서 928m 봉 쪽 바로 앞에는 마치 북한산 인수봉을 보는 듯한 암릉이 인상적이다. 비탈길을 내려와 928m 봉 쪽을 향하다가 신선암봉 쪽을 되돌아본다. 신선암봉은 거대한 화강암이 죽순처럼 우람하게 치솟아 있다.

시야를 주흘산 방향으로 돌려보니 그동안 운무에 가려져 있던 주흘산이 자신의 존재감을 드러낸다. 주흘산 부봉의 하얀 암봉도 마치 손에 잡힐 듯 선명하다. 그 위로 습기를 가득 머금은 뭉개구름이 솜사탕처럼 너풀거리며 떠 있다.

12시 15분, 깃대봉 갈림길을 지나 1km 정도 내리막 하산길을 거쳐 12시 40분 조령 제3관문에 도착한다.

조령산과 마패봉 사이에 있는 조령은 옛 문헌에는 초점草岾으로,

『신증동국여지승람』에는 조령鳥嶺으로 기록되어 있다. 그 어원은 풀억새이 우거진 고개, 새도 날아서 넘기 힘든 고개에서 유래되었다고 한다. 또한 하늘재麻骨嶺와 이유릿재伊火嶺 사이에 있다고 해서 새사이재 혹은 새新로 된 고개라고 해서 새新재라고도 한다. 조선시대에는 영남과 한양을 잇는 중요한 길목으로 영남의 많은 선비들이 청운의 뜻을 품고 이 길을 통해 한양으로 과거를 보러 갔다. 추풍령을 넘으면 추풍낙엽과 같이 떨어지고 죽령을 넘으면 미끄러진다는 선배들의 금기가 있었기 때문이다.

영남대로 문경새재에서 느끼는 회환

명실공히 영남대로嶺南大路였던 문경새재는 임진왜란 때 군사적 요충지로서 제 역할을 다하지 못해 슬픈 역사의 흔적을 남겼다. 선조 25년 일본의 가토 기요마사와 고니시 유키나가의 북진을 막기 위해 내려왔던 조선의 장수 신립申砬, 1546~1592이 이곳을 지키지 못해 온 나라가 전란에 휩싸였다. 신립은 조령산과 주흘산이 빚어낸 천혜의 요새인 새재에 배수진을 치지 않고, 충주 탄금대로 물러나 배수진을 치고 왜적을 막았으나 전멸하고 말았다. 우세한 왜군에게 밀린 군사들은 퇴로가 막혀 익사하면서 전투에 참패했다. 결국 신립 자신도 탄금대에서 부하 장수인 김여물金汝岉과 함께 흐르는 강물에 투신하였다. 역사에 가설은 없지만 후세 호사가들은 말한다. 문경새재에 배수진을 쳤다면 조선군이 그리 쉽게 무너지지는 않았을 것이라고….

조령 제3관문에서 오전 지원 산행을 해준 외대산악회 후배들과 아쉬운 작별을 고한다. 대신 조령 제3관문에서 하늘재약 9km까지는 새롭게 외대산악회 선배 세 분과 문경산악회 회원이 합류한다. 선배 세 분은 남기탁 명예회원, 정택주 발전위원장, 김병준 전 대한산악연맹 전무 회원이며, 문경산악회 회원은 오석윤 씨로 이들과는 10여 년 전 『식객』의 허영만 화백과 함께 백두대간 종주 때 일부 구간을 함께한 인연이 있는, 진정으로 좋아하는 선배님과 산우이다.

역사적 관문인 조령 제3관문에서 무덤과 성터를 지나 험하고 가파른 오르막을 올라 1시 45분, 해발 920m 마역봉 馬驛峰에 도착한다. 마역봉은 마패봉이라고도 하는데 암행어사 박문수가 이 산을 넘으며 조령 제3관문에서 쉴 때 마패를 관문 위 봉우리에 걸어놓았다고 하여 붙여진 이름이라고 한다. 마역봉에서 좌측으로 1.3km 떨어져 우뚝 솟은 신선봉의 모습이 예사롭지 않다.

  마패봉에서 부봉 삼거리 방향으로 내려가자 다시 조령산성 성터가 나오고 물구나무선 듯한 거대한 소나무도 조망된다. 일제시대 송진을 얻기 위해 칼집을 낸 거대한 소나무를 보면서 마음이 아련히 아파온다. 마태봉과 부봉의 중간 지점 이정표 마패봉 2.1km, 부봉 삼거리 1.9km를 지나 몇 번의 작은 오르막과 내리막을 반복하며 오후 3시 55분, 동암문에 이른다.

  동암문에서 부봉 삼거리를 지나 평천재까지는 약 2km로 비교적 가파른 오르막과 바위 지대를 우회하는 철계단을 지난다. 이어 908m 봉을 지나 20여 분 더 가면 주흘산 갈림길이 나오는데 왼편 방향의 급경사 나무계단을 따라 쭉 진행하여 오후 5시 40분 평천재에 도착한다. 이정표에는 하늘재 3.0km, 부봉 삼거리 1.6km, 마패봉 5.6km로 나와 있다.

  이곳에서 다시 오르막이 시작된다. 하얀 참취꽃과 한 줄기에 종 모양으로 대여섯 개씩 매달린 분홍빛 모시꽃이 핀 등로를 따라 1km 남짓 진행하면 탄항산炭項山, 856m에 도착한다.

  탄항산의 탄항炭項은 아마도 삼국시대 변방·국경 등을 지킨다는 의미의 수자리

'수成' 자와 지키기에 알맞은 '목'이라는 의미의 '항項' 자가 합쳐져 '수항'이라 일컫던 것이 숫항 → 숯항으로 전음되어 숯 탄炭 자의 '탄항'이 되었다는 설이 있다. 탄항산 우측으로는 피라미드처럼 우뚝 솟은 주흘산 주봉과 영봉이 웅장하게 조망된다.

탄항산에서 내리막과 오르막을 몇 차례 반복하니 모래산이 나오고, 건너편으로 내일 지나야 할 포암산의 하얀 암릉의 기세가 거침이 없다. 이곳에서 더 내려가 오후 7시 30분, 하늘재520m에 도착한다.

모두에게 감사! 또 감사!

경북 문경시 문경읍 관음리에서 충북 충주시 수안보면 미륵리로 넘어가는 하늘재는 수많은 백두대간의 고개 중에서 가장 아름다운 이름이 아닌가 한다. 문헌상에는 계립령鷄立嶺, 대원령大院嶺, 마목현麻木峴, 지릅재, 겨릅산, 한훤령寒喧嶺 등으로 나오는데 언제부터 하늘재라 불렸는지는 정확히 알 수 없다.

『삼국사기』에 '신라 아달라 이사금 3년156년에 계립령 길을 열었다'고 적혀 있다. 죽령은 이보다 2년 뒤에 개척되었으니 기록상으로 볼 때 계립령은 우리나라에서 가장 오래된 고갯길인 셈이다. 하늘재는 삼국의 북진과 남진 통로였기에 이곳을 차지하기 위한 노력이 치열했다고 한다.

　오늘 구간은 산세가 뛰어난 데다 조망도 무난하여 지금까지 진행한 대간 길 중에서 최고였다고 평할 수 있겠다. 산행은 혼자 하는 맛도 좋지만 때로는 오랜 지기들과 어우러져 함께하는 산행도 좋은 것 같다. 오전 후배들과의 산행에 이어 오후 선배님들과의 산행은 세상살이에서 인연의 소중함을 새삼 일깨워주었다.

　특히 선배님들이 함께 걸으며 전해 준 풍부한 산행 경험과 조언은 남은 대간 길의 운행에 큰 힘이 되었다. 또한 산행 중 선배님과 마신 약간의 위스키와 잘 얼린 캔 맥주, 하늘재 하산 후 맛본 시원한 수박과 삼겹살 옥돌구이는 환상 그 자체였다. 이 자리를 빌어 이날 함께한 선후배 모든 분들께 다시 한 번 감사, 또 감사의 말씀을 드린다.

김정은 예찬

2년 후배인 김정은과 나는 1969년부터 절친한 산 친구이다. 한국외국어대학교 산악회 선후배로 활동하며 이어온 우정이 벌써 45년 되었다.

부산 출신으로 타고난 체력과 남다른 운동신경으로 외대산악부에 입회하면서 시작한 등산이 일취월장을 거듭해 종주산행은 물론 록클라이밍, 아이스클라이밍 실력이 남달리 출중한, 늘 앞서 나가는 산악인이었다. 북한산은 물론 설악산, 지리산, 한라산 등을 수없이 섭렵하였고, 한편 오랫동안 일본 생활을 하며 일본 알프스를 남북으로 누비다 2004년에는 엄홍길 대장의 히말라야 8,000m급 15좌 등반대에 참가하며 그 험한 산들을 마치 손바닥 보듯 하나가 되어갔다.

10년 전부터 남다른 애정으로 백두대간에 매료된 그가 종종 친구들이 모인 자리에서 "언젠가는 백두대간 전 구간을 쉬지 않고 혼자서 걷고 싶다"고 했다. 이런 그가 뜬금없이 외대산악회 창립 50주년을 기념해 백두대간을 걷겠다고 했다. 이 얘기를 듣고 많은 회원들이 의아해 하며 좀 생뚱맞다고 생각했지만 주위의 시선은 전혀 개의치 않고 장마가 한창 비를 몰고 기승을 부리는 7월 초 하루에 평균 20km 내외의 산길을 10시간 이상 소낙비 속에서 40일간 쉬지 않고 걸었다.

처음에는 의아해 하던 산악회 회원들이 밴드와 카톡을 중심으로 모여들어 매일 백두대간 능선 위에서 그가 보내는 투박한 산행기록과 휴대폰으로 찍은 사진을 통해 그의 일거수 일투족을 지켜보았다. 놀라운 일은, 50년이 지나면서 무관심과 매너리즘에 빠져 있던 산악회가 밴드와 카톡을 통해 그와 무언의 대화를 시작하면서 젊고 생기 넘치는 모습으로 회춘하는 기적이 일어난 것이다. 많은 회원들이 똘똘 뭉쳐 그를 응원하며 추위와 바람에 떨며 묵묵히 빗속을 걷는 그와 40일을 함께하는 드라마를 연출한 것이다.

40년 넘게 지켜본 그는 어눌한 듯하지만 남달리 과묵하고, 어느 누구에게나 겸손하고 예의 바르고 따뜻한 마음과 열정을 지녔다.

백두대간을 걸으며 그에게 붙여진 별명이 '김 검프'다. 아마도 막무가내로 달리기만 했던 영화 속 포레스트 검프의 모습이 산길 빗속을 걷는 그의 모습과 오버랩되었나 보다. 오른발이 퉁퉁 부어오른 통증을 전혀 내색 않고 고독 속에서 매일 4~50리 산길을 걷던 그의 모습은 막무가내 '김 검프'이기 전에 뭔가 숭고하고 비장한 느낌을 그의 글 속에서 읽을 수 있었다.

칠순을 바라보는 나이에 어떻게 이런 에너지가 넘쳐났을까?

노년에 들어 뒤늦게 백두대간에 매료된 이유는 무엇일까?

40일간 치열하게 자기 자신을 다그치며 고통의 늪으로 내던진 이유는 무엇일까?

그 대답이 바로 이 책 속에 들어 있다. 매끄럽고 깔끔한 글 솜씨는 아니지만 본인이 느끼고 체험한 상황을 있는 그대로 표현한 소박하고 진솔한 내용들은 지리산부터 시작해서 하루하루 그와 함께 백두대간을 걷다 보면 마음은 어느덧 진부령에 도착해서 백두대간 전 구간이 생생하게 다가 온다. 이 기록은 시중에 나와 있는 백두대간 기록들과는 다르다고 감히 말할 수 있다. 나는 그의 진솔한 삶과 산악인 정신을 누구보다 잘 알고 사랑한다.

고통을 인내하며 끝까지 포기하지 않고 환하게 웃으며 진부령에 나타난 그의 모습에서 진짜 산 사나이의 모습을 발견할 수 있었다. 이제 그는 거듭 태어난 자유인이다.

– 박영석탐험재단 부이사장 **정택주**

2부
아, 백두대간이시여!

20 백두대간 남쪽 구간 중간 지점을 통과하다

제20구간 하늘재~포암산~마골치~대미산~백두대간 중간지점~작은차갓재

산행 날짜 2014. 7. 28(월)
산행 거리 17.73km
산행 시간 11시간(08:00~19:00)

그리움 뒤에는 항상 허전함이 남는다. 어제 지원 산행을 해주었던 선후배들이 모두 일상으로 돌아가고 이제부터 다시 혼자다. 더욱이 하늘재에서 포암산까지는 1.2km지만 표고 440여m를 치고 오르는 암릉 길이다. 아침 8시, 가파른 바위산을 홀로 오르면서 일순 허전함이 몰려왔지만 오늘 산행을 기점으로 백두대간의 절반을 통과한다는 생각에 자신감을 얻는다.

다행히 날씨는 맑다. 예상은 했지만 포암산 오르는 길은 더디다. 가파른 된비알을 한 걸음 한 걸음 소걸음, 즉 우보牛步로 올라 산행 시작 1시간 10분 만에 포암산布岩山, 961.7m 정상에 오른다. 정상에서 좌측으로는 월악 영봉에서 만수봉까지 이어지는 만수릿지가 늠름하게 솟아 있고, 우측으로는 대미산에서 여우목고개를 거쳐 운달산으

로 이어지는 운달지맥이, 그리고 돌아보니 건너편에 주흘산과 그 우측에 부봉, 그리고 주흘산과 부봉 사이로 조령산이 볼록하게 조망된다.

옛날에는 포암산을 '베바우산'이라고 하였는데 반듯한 암벽이 키대로 늘어서 있어 거대한 베 조각을 이어 붙여놓은 듯하다 하여 붙여진 이름이다.

대간 길은 왼쪽 방향으로 비교적 편안하게 이어진다. 상큼한 아침 공기와 새소리를 들으며 푹신한 등산로를 20여 분 걸으니 관음재가 나오고, 좀 더 진행하여 10시 30분, 만수봉 갈림길인 880m 봉에 도착한다. 좌측으로 가면 월악산 줄기인 만수봉인데 백두대간을 가려면 우측으로 가야 한다.

그런데 백두대간 구간이 출입금지 구간이라 목책이 쳐져 있다. 여기부터 오늘 산행의 종점인 작은차갓재까지 출입금지 구간이다. 그런 만큼 산행을 안내하는 이정표도 없고, 가파른 바위 지대를 수월하게 지날 수 있는 로프도 설치되어 있지 않아 산행은 예상보다 더디다.

잠시 쉬었다 목책을 넘어 대미산으로 향한다. 우측 오르막을 20여 분 오르니 전망이 확 트인 941m 봉이 나타난다. 이어 뾰족한 899m 봉을 오르내려 30여 분 만에 809m 봉에 도착하니 우측으로 문경 관음리 마을이 보인다.

이어 비교적 평편한 꼭두바위봉을 로프에 기댄 채 암릉 지대와 너덜 지대를 지나니 누군가 코팅지로 나무에 걸어놓은 1,032m 봉에 도착한다. 지도상으로는 꾀꼬리봉 갈림길이다. 조망은 여전히 좋아 멀리 남쪽으로는 주흘산이, 남서쪽으로는 조령산 일대, 서쪽 방향으로는 월악산의 고봉들이 넘실거린다.

    이어 30여 분에 걸친 내리막과 오르막을 반복하여 누군가 아미산이고 코팅지를 붙여놓은 1,062.4m 봉에 오르니 가야 할 대미산이 나뭇가지 사이로 보인다. 대미산 좌측 멀리 소백산 비로봉의 모습도 희미하게 보인다.

**힘들고 험하고 때론 평범하고,
대간 길의 다양성이 있는 구간**

    1,062.4m 봉에서 20여 분 심한 내리막을 내려서니 부리기재다. 부리기재에서 대미산까지는 1.2km로 하늘재~포암산에 이어 오늘 두 번째로 표고 차가 심한 오르막 구간이다. 하지만 육산이어서 40여 분에 걸쳐 올라, 오후 4시 25분 대미산 1,115m 정상에 오른다.

대미산은 경북 문경읍 중평리·동로면과 충북 제천시 덕산면의 경계에 있는 산으로, 정상부에 눈썹만큼의 봉우리가 돋아 있다 하여 눈썹 먹 '대黛' 자에 눈썹 '미眉' 자를 써서 대미산黛眉山이라 하였는데 퇴계 이황 선생이 현재의 대미산大美山으로 개칭했다는 설이 있다. 정상에서 사과 하나로 허기를 보충한다.

곧이어 문수봉 갈림길 방향으로 10여 분 내려가니 눈물샘 이정표와 마주한다. 눈물샘은 대미산의 눈썹 아래 자리하였다 하여 눈물샘이라 불리는데 이 물은 낙동강으로 흘러든다. 이정표에서 70m에 위치한 눈물샘은 물이 시원하고 맛이 좋다는데 여유분의 물이 있어 그냥 지나친다.

대미산 정상에서 약 20여 분에 걸쳐 내리막 육산 길을 천천히 진행하니 문수봉 갈림길인 1,046m 봉이다. 제천시에서 오래전에 설치해 놓은 듯한 목조 이정표에는 지리산 밑에 작은 글씨로 대미산 0.8km,

백두산 밑에 작은 글씨로 황장산 6.3km로 표기해 놓아 고개를 갸우 뚱하게 한다.

여기서 대간 길인 황장산 방향은 우측으로 확 꺾인다. 이어 헬기장을 지나 걷기에 편한 잎갈나무(낙엽송) 숲을 지난다. 한참 걷다가 뒤를 돌아보니 대미산이 저만치 높이 솟아 있고, 앞으로는 다음 구간인 황장산이 나무 사이로 조망된다. 이어 백두대간 중간 지점이라고 쓰여진 첫 번째 돌탑을 지나게 되는데, 2002년 경기도 평택 어느 산악회에서 백두대간 지리산~진부령을 734.65km로 보고 이 지점이 그 중간 지점인 367.325km라고 표시하였다고 한다.

이어 우측 숲 사이로 저 아래 생달마을이 보이고, 철탑이 있는 봉우리를 지나면 차갓재이다. 첫 번째 중간 표지석에서 40여 분 떨어진 곳이다. 이곳 차갓재에도 자연석에 음각으로 '백두대간 남한구간 중간 지점'이라는 표제 아래, '백두대간이 용트림하며 힘차게 뻗어가는 이곳은 일천육백여 리 대간 길 중간에 자리한 지점이다. 넉넉하고 온후한 마음의 산사람들이여!

이곳 산정기 얻어 즐거운 산행이 되시길…'라고 적혀 있다. 백두대간 두 번째 중간 표지석인 것이다.

이렇게 표지석이 두 개다 보니 누구나 헷갈린다. 물론 대간을 어디서부터 측정하느냐에 따른 차이겠지만 백두대간은 민족의 자존심과도 같은 길인 만큼 해석에 따라 구구한 백두대간의 구간도 명확하게 정리하고 중간 지점도 다시 설치했으면 하는 개인적 바람이다.

차갓재에서 20여 분 더 직진하여 오후 7시 오늘의 마루금 끝인 작은차갓재에 도착한다. 작은차갓재에서 10여 분 내리막을 걸으니 폐광터에 자리 잡은 오미자 와인 저장고가 있다. 안생달이 속한 문경시 동로면은 오미자로 유명한데 전국 오미자의 70%를 생산한다고 한다. 안생달 마을 초입에 도착하여 오늘 산행을 마무리한다.

까칠한 황장산, 비로 인해 더욱 마음 졸이다

제21구간 작은차갓재~황장산~황장재~벌재~문복대~저수령

산행 날짜 2014. 7. 29(화)
산행 거리 12.96km
산행 시간 8시간 45분(07:40~16:25)

    백두대간 비법정 탐방로 중 미시령 구간과 진부령 구간, 그리고 황장산 구간은 산행이 까다롭다. 황장산은 국립공원 지역이 아니면서도 자연보호 차원에서 입산이 금지된 데다 외줄을 타는 암릉 구간이 많아 사고 위험이 높은 곳이다. 하지만 대간을 완주하려는 사람들에겐 반드시 통과해야 할 구간이기도 하다.

    밤티재 구간과 대야산 구간도 그렇다. 법을 지켜야겠지만 대간을 완주하기 위해서는 단속을 피해 통과하지 않으면 안 될 구간이다. 단속원이 없는 틈을 타 밤이건 낮이건 통과해야 한다. 물론 그 과정에서 범법자가 된 사람도 있다고 한다. 자원을 보호하면서 최소한의 사람에 한해 합법적으로 산행할 수 있는 해법은 정녕 없는 것일까? 산도 살리고 인간도 살리는 환경부의 행정을 기대해 본다.

    아침 7시 40분, 비가 내리는 가운데 이런저런 생각을 하면서 폐광을 리모델링한 와인 저장고를 지나 작은차갓재715m에 도착한다. 이어 헬기장과 잘 조성된 잣나무 숲을 지나 본격적인 오르막과 암릉 길이 시작된다. 위를 보니 둥그스름하게 무덤처럼 생긴 멧등바위가 어렴풋이

보인다. 8시 20분경 족히 15m는 됨직한 거대한 바위 중간에 설치된 로프를 잡고 올라서 멧등바위에 도착한다.

멧등바위에 올라서면 사방으로 막힘이 없다. 서쪽으로는 대미산이 보이고 동쪽으로는 도락산과 황정산이, 그리고 지나야 할 동쪽으로는 문복대가 조망된다. 하지만 오늘은 비가 와서 조망이 좋지 않다.

황장산 정상 방향으로 100여m 칼날 암릉을 진행하면 또다시 위험한 암릉 구간이 나타난다. 양쪽은 절벽 지대로 자칫 발끝을 삐끗하는 날에는 바로 추락이다. 바위 지대 사이에 매인 로프에 의지해 바위 면에 몸을 붙인 옆걸음으로 조심조심 통과한다. 오늘 같이 비오는 날도 그렇지만 눈이 오면 정말 위험하겠다는 생각이 든다.

위험 지대를 침착하게 이동하여 산행 시작 1시간 10분 만인 8시 50분, 황장산黃腸山, 1,077m 정상에 도착한다. 정상은 기대와 달리 숲으로 둘러싸여 이렇다 할 조망이 없다. 정상석 한쪽 측면에는 '元名 鵲城山'이라 새겨져 있고, 한쪽 측면은 '새재산악회'라고 쓰여 있다. 황장산은 조선 말기까지 작성산鵲城山이라 불리기도 했으며, 일제 때는 일본 천황의 정원이라 하여 황정산皇廷山이라고도 하였다가 우리 고유의 소나무 황장목黃腸木이 많이 난다 하여 황장산으로 불리게 되었다고 한다.

고유의 소나무 황장목이 많이 난다 하여 황장산으로 불리게 돼

조선시대에는 궁전 건축 등 국가에서 필요한 목재를 얻기 위해 오늘날 국립공원처럼 일정한 지역의 산을 정해 국가가 직접 관리·보호하며 출입을 금하는 봉산封山제도를 운영하였는데 황장산도 그중 하나였다. 황장목은 속이 누런 빛을 띠는 질 좋은 소나무로, 궁궐을 지을 때나 임금의 관인 재궁梓宮을 짤 때 쓰였는데 조정에서는 황장목을 보호하기 위해 인근에 금표비禁標碑; 출입금지를 알리는 표석를 세웠다고 한다.

그런 황장목이 황장산에서 사라진 것은 대원군이 경북궁을 중건하면서 이곳의 황장목을 모조리 베어낸 탓이라는 설과 일제 강점기를 거치면서 무분별한 벌목으로 황장목의 씨가 말라버렸다는 설이 있다.

황장산을 뒤로하고 감투봉으로 내려가는 길은 멧등바위에서 올라오는 암릉 길에 비하면 쉽지만 이곳 역시 긴장하여 통과해야 할 칼날능선이다. 조심조심 빗길에 미끄러운 능선과 감투봉1,037m 옆을 지나 밧줄을 잡고 급경사면을 내려서니 황장재890m다.

황장재 이정표 뒤쪽을 보니 좌측으로는 문안골이며, 우측으로는 생달리로 연결된다. 문안골에는 고려시대 때 쌓은 작성산성鵲城山城 터가 남아 있는데 고려 말 홍건적이 침입했을 때 공민왕을 비롯한 왕실의 피신처였다고 한다.

황장재에서 988m 봉까지는 표고 차 100m 정도의 급속 오르막이다. 너럭바위로 이뤄진 정상에서 돌아보니 지나온 감투봉과 황장산이 운무에 어렴풋이 조망된다. 바위 틈새에선 풍상에 단련된 소나무들이 빗속에서도 고운 자태를 뽐낸다. 화려하기보다는 단아하고 기품 있는 모습이다.

이곳에서 흙길과 암릉을 번갈아가며 1시간가량 진행하니 능선 우측에 100여m 가량 길게 늘어뜨린 하얀 바위가 보인다. 치마바위로 그 모양이 마치 치마를 두른 것처럼 보인다고 하여 그렇게 불린다.

치마바위에서 로프 구간을 내려와 볼록한 암봉을 지나 약 15분 정도 오른쪽으로 가파른 비탈길을 내려서니 폐백이재다. 곱게 차려입은 새색시가 시부모에게 폐백을 드리는 광경을 떠올려 폐백이재라는 이름이 붙었다고 한다. 그러고 보면 치마바위도, 폐백이재도 모두 여자와 관련된 이름이다.

폐백이재에서 다시 오르막을 올라 928m 봉에 도착하고, 곧이어 숲길을 내려서 벌재 바로 전 헬기장이다. 이곳에서 급경사 내리막을 내려서 복원된 터널 위로 벌재를 통과한다. 오전 내내 내리던 비는 벌재를 지날 무렵 맑게 그친다.

해발 625m인 벌재는 경북 문경시 동로면과 충북 단양군 대강면을 연결하는 59번 국도가 지난다. 1930년 도로가 개설된 이후 83년 동안 산맥이 단절되었으나 산림청의 백두대간 마루금 생태축 복원사업에 따라 2013년 7월 복원되었다.

벌재에서 문복대 방향 초입에는 대간리본이 만장처럼 즐비하다. 벌

재에서 문복대까지는 3.7km 구간으로 법정 탐방로라 이정표도 잘되어 있고 마음 또한 편하다. 내리던 비가 그쳐 울창한 숲에서는 간간이 바람에 한두 방울 날릴 뿐이다. 벌재에서 822m 봉을 가려면 가파른 오르막을 30여 분에 걸쳐 올라야 한다.

벌재 지나 저수령으로

    822m 봉에서 들목재750m 가까울 무렵, 오른쪽에 한 잎갈나무의 아랫동이부터 윗부분까지 칭칭 감고 올라가는 다래나무를 본다. 마치 흰 구렁이가 나무를 감고 있는 듯 그로데스크까지 한 모습이다. 두 나무가 인연인지 악연인지는 알 수 없으나 다래나무로 인해 잎갈나무가 죽

어갈 정도라면 필경 악연일 것이다. 우리 인생사에서도 저런 악연을 만나지 않았으면 하는 바람으로 그 지역을 통과한다.

들목재에서 1,020m 봉까지는 표고 차가 270m 구간으로 작은차갓재~황장산에 이은 두 번째로 힘든 구간이다. 오르막 사이로 군데군데 허리가 두 동강이 난 아름드리 소나무들이 보는 이의 마음을 아프게 한다. 소나무가 저렇게 꺾인 것은 지난겨울 눈이 많이 쌓인 상태에서 바람이 분 탓일 것이다. 그래도 다행인 것은 등산로 좌우에 어린 소나무들이 많이 자라고 있다는 것이다.

사실 산행하면서 어린 소나무들이 저렇게 많이 자라고 있는 광경을 근래에 보지 못했다. 대부분의 소나무들이 참나무 등 낙엽송에 치여 자리를 내주고 있는 것이 우리나라 산림의 현실이다. 소나무 씨앗은 맨땅에 떨어져야 싹을 틔우는데 낙엽송이 번창하면서 소나무가 뿌리를 내리지 못해 어린 소나무들을 좀체 구경할 수 없다. 이러한 현실에서 낙엽층을 뚫고 솟아오르는 어린 소나무들을 보니 참으로 대견스럽다. 어린이들이 우리의 미래이듯 저 어린 소나무들도 산자수려한 우리 강산을 만드는 미래가 될 것이다.

이제 1,020m 봉을 지나 또 다른 봉우리를 오른다. 이 봉우리를 100여m 지나 뒤돌아보니 1,020m 봉과 무명봉이 절묘한 조화를 이루며 마치 여성의 젖가슴처럼 봉긋 솟아 있다.

오후 3시 25분, 운봉산雲峰山으로 불리기도 한 문복대$_{1,074m}$정상에 도착한다. 문복대는 경북 예천군과 문경시 충북 단양군과 경계를 이루며, 북쪽으로 뻗어나간 줄기는 수리봉, 신성봉을 지나 산림청 선정 100대 명산 중의 하나인 도락산으로 이어진다.

문복대에서 10여 분 지나 옥녀봉$_{1,077m}$에 이른다. 이곳에서 조금 더 내려가면 장구재다. 장구재$_{860m}$에서 왼쪽으로 조금 내려가서 오른쪽으로 올라가니, 왼쪽 아래로 경북 예천군 상리면과 충북 단양군 대강면을 연결하는 927번 지방도가 보인다.

이어 묘지를 지나고 용두산 갈림길을 지나 내리막을 내려가니 해맞이 제단석이 있다. 이곳은 일출 조망이 가능해 매년 1월 1일이면 해맞이 행사를 한다고 한다. 4시 25분,
소백산의 시작점인 저수령에 도착한다. 저수령은 늘재에서 시작한 백두대간의 문경 100km 구간이 끝나는 기점이기도 하다.

22 드디어
소백산 자락에 들어서다

제22구간 저수령~촛대봉~투구봉~시루봉~배제~흙목 정상~
솔봉~묘적봉~도솔봉~죽령

산행 날짜 2014. 7. 30(수)
산행 거리 17.91km
산행 시간 12시간 30분(06:10~18:40)

    백두대간은 저수령低首嶺을 기점으로 소백산 군群으로 접어든다. 아침 6시 15분, 해발 850m의 저수령에서 산행을 시작한다. 고개 좌측에는 폐업한 휴게소와 주유소가 흉물스럽게 방치되어 있다.

    저수령은 '고갯길이 너무 높고 험하여 오르다 보면 저절로 고개가 숙여진다'고 해서 붙여진 이름이라는 설과 저수령에서 은풍곡예천까지 피난길로 많이 이용되어 왔는데 이 고개를 넘는 왜적들은 모두 목이 잘려 죽는다고 하여 저수령이라고 부르게 되었다는 설이 있다.

    촛대봉1,080m 가는 길은 초입부터 된비알이다. 저수령에서 촛대봉까지 고도 차이는 230m인데 산행거리는 0.8km로 짧지만 구슬땀을 흘리며 산행 시작 40여 분 만에 촛대봉에 도착한다.

모처럼 맑은 날씨 속에 주변 경관도 좋아

단양군에서 세운 촛대봉 정상석과 저수령 0.8km, 투구봉 0.73km, 솔봉 12.43km를 알리는 이정표가 있다. 날씨가 모처럼 좋아 조망이 좋다. 북쪽으로는 가야 할 촛대봉과 투구봉, 솔봉과 묘적봉 등이 사동리를 병풍처럼 둘러싸고 아스라이 이어져 있고, 남쪽으로 지나온 백두대간 능선과 함께 문경의 천주봉과 공덕산이 보인다.

고도 차가 별로 없는 편한 길로 약간 오르막을 진행하여 오전 7시에 투구봉1,081m에 도착한다. 촛대봉 0.73km, 저수령 1.53km, 시루봉 1.46km, 솔봉 11.41km라고 적힌 이정표 옆에 전망하기 좋은 너럭바위가 있다. 너럭바위에서 우유와 삶은 계란으로 아침을 하며 잠시 휴식을 취한다.

투구봉에서 시루봉1,110m을 지나고 편안한 등산로가 이어지다가 울창한 잣나무 숲을 따라 급경사 오르막을 힘들게 오르니 시루봉 1.19km, 저수령 4.19km, 배재 0.65km, 솔봉 6.96km의 이정표가 서 있다. 그 옆 참나무에는 둘산악회에서 붙여놓은 1,084m 봉의 코팅지가 있다.

이곳에서 우측 잣나무 숲 경계 능선을 따라 내려가다 오전 8시 25분에 헬기장이 있는 배재 이정표를 만난다. 철제 이정표에는 싸리재 1.2km, 야목 2.0km라 적혀 있어 삼거리임을 알겠지만 야목 방향은 잡풀로 덮여 있다.

이어 오르막 뒤에 작은 봉을 넘고, 또다시 작은 봉우리를 넘어서면 급경사 내리막이 펼쳐지는데 이곳이 싸리재다. 이정표에는 흙목 정상 1.2km, 원용두 1.93km로 나와 있는데 배제는 거리는 없고 방향표시만 있다. 단양 유황온천 2.7km라는 목재 이정표가 나무에 걸려 있는데 그쪽에 산악회 리본이 많이 달려 있다. 곧 헬기장을 지나 오름길 작은 봉우리를 20m 남겨놓은 지점에서 좌측으로 돌아 올라 무명봉에 도착하고 곧이어 흙목$_{1,070m}$ 정상에 도착한다. 정상에는 싸리재 0.95km, 뱀재 0.55km, 헬기장 1.8km, 임도 0.85km, 가재봉 2.2km 등의 이정표가 있고 삼각점도 있다.

등로는 급경사 내리막으로 이어지고 낡은 로프 구간을 지난다. 다시 작은 봉우리 삼거리에 올라서고, 송전탑과 헬기장이 있는 뱀재를 지나 11시 20분, 솔봉$_{1,102m}$에 도착한다. 솔봉에는 부산낙동산악회에서 2020년 올림픽 부산 유치를 기원하며 플래카드를 걸어놓았는데 해발 1,021m로 표기해 놓았다. 솔봉에서는 소백산 방향으로 우뚝 솟은 도솔봉과 그 아래 묘적봉이 보이는데 시야가 좋지 않아 오늘은 보이지 않는다.

솔봉에서 급경사 내리막을 조금 내려가니 편안한 등산로가 이어지고, 다시 작은 봉우리를 넘어 순탄한 능선으로 약간 고도를 낮추면 모시골 정상이다. 이곳에서 10여 분 더 진행하면 1,011m 봉에 도착하고, 바위 구간과 멧돼지 흔적을 지나 오르니 벤치 2개가 있는 1,027m 봉에 올라선다.

묘적妙積의 경지를 향한 발걸음 느긋하고 편안해

그 뒤 약간 오르내림을 반복하여 20여 분 진행하자 옥녀봉 갈림길이 나오고, 조금 더 진행하니 예천군에서 세워놓은 묘적령妙積嶺, 1,020m 표지석 앞에 도착한다. 여기서 조금 더 가자 소백산 국립공원에서 이정표를 세워놓은 묘적령 갈림길로 내려선다. 이정표에는 저수령 10.7km, 죽령 탐방 지원센터 8.8km, 도솔봉 2.6km, 사동리 3.7km라고 적혀 있다. 좌측 사동리에는 고려 말 묘적사라는 사찰이 있어 절골이라 했고, 조선 말까지 100여 호에 300여 주민이 살았다고 한다. 그런데 1914년 행정구역 개편에 따라 사동리로 바뀌었다. 1965년까지 묘적사의 흔적은 부도 및 기와, 주춧돌 등이 남아 있었는데 임도를 개설하는 과정에서 이것마저 사라졌다고 한다.

이곳 갈림길에서 봉우리 한 개를 우측으로 비스듬하게 우회하며 경사가 펼쳐지다 바위 고개를 넘어서니 우측으로 커다란 바위가 보인다. 전망바위를 지나 급경사 오르막과 내리막을 반복하며 오후 2시 5분, 묘적봉妙積峰, 1,148m에 도착한다. 정상에는 한국철도공사 경북본부 산악회에서 세운 정상석이 있다.

흐리던 날씨는 완전히 개어 시야가 환상적이다. 지나온 대간 마루금이 선명히 조망되고, 푸른 하늘 위로 하얀 뭉개구름이 햇살에 젖었던 몸을 말리고 있다. 또한 북쪽은 내리막 안부를 사이에 두고 웅장한 도솔봉이 소 등허리처럼 뻗어 있다. 묘적봉에서 도솔봉까지는 1.8km 거리지만 가파른 내리막에 이어 표고 차 200여m의 암릉 지대를 치고 올라서야 한다. 도솔봉 정상으로 이어진 상수리나무 숲속 목재 계단은 워낙 가팔라 오르기 힘들 정도다.

　이어 돌을 깔아놓은 등산로와 헬기장이 있는 봉우리에 올라서니 단양군에서 세워놓은 도솔봉 해발 1,314m의 정상석이 있으며 그 뒤쪽에는 도솔봉이 0.1km 남았음을 알리는 이정표가 있다. 이곳에서 100여m 더 진행하여 나무계단을 오르니 오후 3시 35분, 도솔봉兜率峰, 1,314.2m 정상이다.
　도솔봉에서의 전망은 환상적이다. 동쪽으로는 영주, 봉화 일대가 시원하게 내려다보이고, 남쪽으로는 지나온 대간 길이 연이어 있다. 서쪽으로는 삼형제봉~1,288m 봉~흰봉산이 활처럼 굽어 그 힘으로 북쪽 소백의 연화봉, 비로봉을 단숨에 밀어 올리는 듯한 느낌을 준다. 도솔봉 정상에서는 날씨가 좋을 때는 태백산맥과 월악산·금수산·소백산·황정산·대미산까지 시야에 들어온다.

도솔봉에서 연화의 세계를 바라보다

도솔봉을 검색하다가 저수령~도솔봉 구간에 대해 누군가 멋지게 불교적 관점에서 정리해 놓은 산행기가 있어 인용해 본다.

'사실 저수령은 소백산의 시작점이다. 물론 종점은 비로봉이다. 毘盧비로란 비로자니의 준말로 부처를 뜻하는 말이며, 속세에 나타난 부처가 바로 蓮花연화이다. 부처가 되기 전 머무르는 곳이 兜率天도솔천이며, 도솔천으로 가기 전 열심히 참선하여 경지에 도달하는 상태가 妙

積묘적이다. 물론 가장 먼저 해야 할 일은 불을 켜 길을 밝히는 것이다. 불을 밝히려면 촛대가 필요한 법. 말인즉슨 오늘 우리가 가는 촛대봉 구간, 다음에 가게 될 묘적봉-도솔봉 구간, 그다음에 가게 될 연화봉-비로봉 구간 모두가 바로 수행자의 길이라는 것이다. 그러니 조용히 진행하는 것은 당연하다 하겠다.'

도솔봉에서 죽령까지는 6.0km다. 대간 길은 정상에서 다시 내려가 좌측 경사로로 이어진다. 이어 30분 오르막 급경사를 올라서니 나무계단과 함께 올라야 할 암봉의 모습이 가깝게 보인다.

급경사 나무계단 끝부분에는 죽령 4.3km라고 표시된 이정표가 있는데, 바로 앞에 있는 암봉이 삼형제봉 중 제일 높은 봉우리고 대간 길은 좌측으로 우회하여 이어진다. 이어 두 번째 봉우리 역시 우회하여 죽령 탐방 지원센터 3.9km, 연화봉 11km, 도솔봉 2.2km의 이정표가

있는 곳에서 뒤를 돌아보니 지나온 두 봉우리가 봉긋이 솟아 있다.

흰봉산 갈림길에서 죽령까지는 3.3km로 표고차가 거의 500여m에 이르는 급경사 내리막이다. 흰봉산 갈림길에서 약 40여 분에 걸쳐 오른쪽 급경사를 내려와 도솔봉샘터에 도착한다. 이곳에는 죽령 탐방 지원센터 1.3km, 도솔봉 4.7km의 이정표가 서 있다. 샘터로 내려가 물을 한잔 하고 왼쪽 내리막 경사와 잣나무 숲 로프 구간을 지나니 편안한 내리막이 이어진다. 오후 6시 35분, 영남제일관嶺南第一關 죽령竹嶺에 도착한다. 오늘 산행에서는 만난 사람이 한 사람도 없었다.

죽령은 삼국시대 당시에는 치열한 격전장이었다. 고구려 온달 장군은 "죽령 이북의 땅을 회복하지 못하면 돌아오지 않겠다"라고 말했다고 한다. 지금은 산허리를 돌아 오르며 도로가 나 있지만 옛날에는 도로 아래 계곡을 따라 올랐다고 한다. 지금의 희방사역에서 죽령 주막에 이르는 2.5km 구간의 '죽령 옛길'이 그것이다.

1910년대까지도 경상도 동북지방의 여러 고을이 서울을 왕래할 때 모두 이 길을 이용했기에 청운의 뜻을 품은 과거 선비, 공무를 띤 관원들, 온갖 물산을 유통하는 장사꾼들로 사시장철 번잡했던 이 고갯길에는 길손들의 숙식을 위한 객점, 마방들이 목목이 늘어서 있었다.

장장 2천 년 유구한 세월에 걸쳐 우리나라 동남지역 교통 대동맥의 한 토막이었던 이 길은 근래 교통수단의 발달로 행객이 끊겨 수십 년 숲 덩굴에 묻혀 있었던바 이제 옛 자취를 되살려 보존하는 뜻에서 1999년 공공근로사업으로 복원됐다고 한다. 지금은 서너 개쯤 되는 듯한 죽령 표지판과 영남 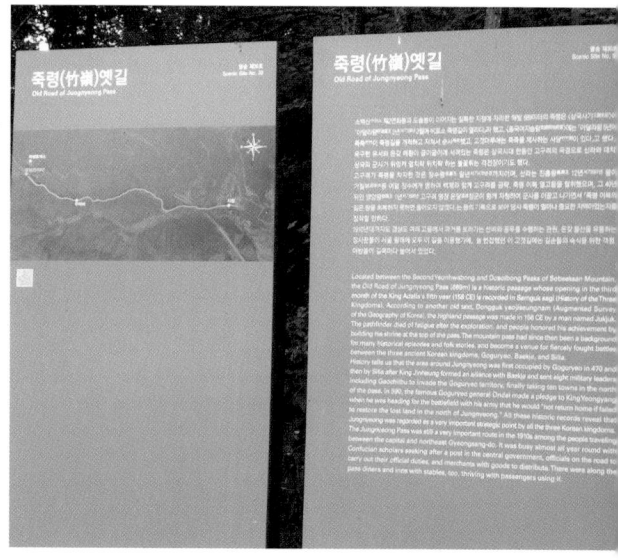 제일관嶺南第一關이라는 누각, 그리고 몇몇 장승과 죽령 주막이 옛 죽령의 역사를 말해 주는 듯하다.

23. 바람의 산 소백산, 오늘도 시련을 주다

제23구간 죽령~제2연화봉~연화봉~제1연화봉~비로봉~국망봉~ 늦은맥이재~연화동 갈림길~고치령

산행 날짜 2014. 7. 31 (목)
산행 거리 25.16km
산행 시간 9시간 40분(07:12~16:52)

눈꽃, 칼바람, 철쭉, 천문대, 상고대, 주목, 한국의 알프스, 겨울산행의 1번지… 이제 이러한 대명사가 붙은 소백산 산행이다. 휴식을 취할 예정이었지만 오늘부터 지원이 시작되므로 휴식 없이 진행하기로 마음먹는다.

오전 7시 10분, 맑은 날씨 속에 죽령 휴게소 옆의 임도를 따라 산행을 시작한다. 평소 같으면 소백산 가는 길은 등산로 초입부터 사람들로 붐비는데 장마철이라 그런지 사람 흔적이 없다. 시멘트로 포장된 임도를 따라 잣나무 쉼터와 바람고개 전망대를 지나는데 땀이 나기 시작한다. 시멘트 길을 따라 지루하게 올라 8시 45분, 제2연화봉에 도착한다.

제2연화봉에서 죽령 방향을 보니 저 멀리 도솔봉과 흰봉산 줄기의 봉우리들

이 운무에 잠겨 있다. 뫼솔산악회 2차 대간 당시인 지난해 1월 중순에도 저곳을 조망한 바 있는데 그때는 하얀 설원과 줄달음치는 산등성이의 근육이 서로 대비되어 묘한 선묘력을 구사했다. 마치 근대화가 이중섭1916~1956의 대표작인 '흰 소'처럼 산등성이들은 앞발에 힘을 모아 언제든지 튀어나갈 듯이 힘이 넘쳐났다. 하지만 지금의 산은 골격을 볼 수 없을 정도로 옷을 풍성하게 입고 있어 겨울산과 대비된다.

제2연화봉 정상석에는 '백두대간 제2연화봉'이라고 쓰여 있으며, 뒷면에는 산경표가 있다. 한반도 지도 안에 1대간 1정간 13정맥의 우리 산하의 모습이 담겨 있다. 백두산~지리산까지 백두대간이 S자 모양으로 굽이친다. 송신탑이 있어 정상까지는 오를 수 없고 우회하여 연화봉을 향한다. 제2연화봉에서 연화봉까지는 완만한 내리막길로 이어지다가 소백산 천문대를 앞두고 다시 완만한 오르막이다.

국내에서 가장 높은 곳에 위치한 소백산 천문대는 1972년에 국립천문대 설립위원회에서 연화봉에 망원경을 설치한 게 효시라고 한다. 소백산은 연평균 밝은 날이 70~80일로 어느 고산지대보다 많다고 한다. 소백산에 천문대가 있는 이유다. 소백산 천문대는 신라 첨성대 모양을 본떠 만들었다고 한다.

해가 저물고 등산객들이 하나둘 산을 등질 때 소백산 천문대 연구원들의 하루는 시작된다고 한다. 관측 돔 사이로 모습을 드러내는 지름 61cm 망원경은 육중한 몸을 움직이며 관측할 별을 찾는다. 기상 상태가 좋지 않을 때는 그동안 망원경이 담아낸 별의 움직임과 변화를 연구한다. 밤이 긴 겨울은 관측시간 또한 그만큼 길다. 하루가 끝나면 또 밤을 기다린다. 인적 드문 하늘과 맞닿은 공간에서 밤하늘을 향한 연구는 1년 내내 지속된다. 이렇게 9년간 관측 끝에 지난 2009년, 세계 최초로 두 개의 태양이 보이는 행성을 찾아내는 성과를 올렸다고 한다.

연화의 세계를 지나 비로의 세계로

천문대를 지나 약 10여 분 오르니 연화봉蓮花峰, 1,383m이다. 이정표를 보니 죽령 주차장까지는 7.0km, 비로봉까지는 4.3km, 희방사까지는 2.4km로 나와 있다. 연화는 연꽃이다. 불교에서 연꽃은 진흙탕 같은 연못에서도 청정하고 아름다운 꽃을 피우는 모습이 사바세계의 부처님 가르침과 같다 하여 불교를 상징하는 꽃이며, 무명無明 속에서 깨달음을 얻어 성취하는 진리를 의미하기도 한다. 부처님이 탄생하여 사방으로 일곱 걸음을 걸을 때 땅에서 연꽃이 솟아올라 태자를 받들었기 때문에 부처의 탄생을 상징하기도 한다. 혹은 불교의 이상적인 인간상인 보살을 상징하기도 한다. 연화봉에서 북쪽을 보니 제1연화봉, 비로봉이 파노라마처럼 이어진다.

이제 제1연화봉으로 향한다. 등산로는 시멘트 길에서 본격적인 숲길로 바뀐다. 참나무 숲지대와 철쭉나무 터널, 그리고 철계단 지대를 50여 분 만에 오르면 제1연화봉1,394.4m에 도착한다. 이곳에는 아고산 지대해발 1,300m~1,900m라는 안내판이 있다. 해발 1,300m 이상인 소백산의 아고산 지대는 바람이 세고 비나 눈이 자주 내려 키가 큰 나무가 자랄 수 없다고 한다. 이 지대에서는 신갈나무나 철쭉 등 바람과 추위를 잘 견디는 야생식물들이 자라고 있다.

제1연화봉을 지나 천동리 갈림길까지 아고산 지대를 오르내리며 좌측의 단양 쪽을 보니 솟구친 산군山群들의 모습이 절경이다. 이어 살아 천 년 죽어 천 년이라는 주목朱木을 마주한다. 주목은 우리나

라, 일본, 만주, 러시아의 고산지대에 분포하는데 껍질이 붉은색을 띠어 붙은 이름이다. 붉은색은 악귀를 물리친다는 주술적 신앙이 남아 있어 옛 어른들은 주목으로 지팡이를 만들어 무병장수를 위한 최고의 재료로 삼았다. 유럽에서는 단단하고 탄력이 있어 활을 만드는데 사용하였으며, 잎에서는 신장병을 치료하는 물질이 나오고 수피나 씨앗에는 암을 치료하는 물질로 알려진 택솔 성분을 함유하고 있단다. 고산지대에서 온갖 풍상을 견딘 주목일수록 택솔 성분이 많다고 한다.

소백산의 주목 군락은 해발 1,000m 이상의 산에서 자라는 상록수로 천연기념물 제244호로 지정되어 보호받고 있다. 특히 이곳은 우리나라의 대표적인 주목 군락지로 수령이 약 200~400년 된 주목 1,500여 그루가 자생하고 있다. 60년대 후반까지만 해도 국망봉과 연화봉 능선에 3만여 그루가 있었다는데 지금은 자취를 감추고 천동 삼거리~비로봉 구간만 남았다고 한다. 주목은 교목矯木으로 곧바르게 성장하는 수목인데 소백산의 주목은 고지의 강풍으로 대부분 휘어져 있어 형상이 기묘한 것이 특징이다. '살아 천 년 죽어 천 년'이라는 주목 앞에 서니 단가短歌인 '사철가' 한 구절이 생각난다.

어화 세상 벗님네들 이내 한 말 들어보소
인생이 모두가 팔십을 산다고 해도
병든 날과 잠든 날 걱정 근심 다 제하면

단 사십도 못 살 인생…

주목 앞에 서니 인생사 허망하다. 병든 날과 잠든 날 빼면 40도 못 살 인생인데 마치 천 년을 살 것처럼 욕심을 부리고 산다. 주목 앞에서 와각지쟁蝸角之爭하지 말고 순간순간 기쁘고 행복하게 살자고 다짐한다. 이런저런 생각을 하며 소백산 정상인 비로봉을 향한다.

천동 삼거리에서 비로봉을 오르는 구간은 겨울철이면 내려오는 사람들과 올라가는 사람으로 길게 줄이 늘어선다. 좌측으로는 주목 군락이 눈밭에서 푸른 기상으로 누워 있고, 그 뒤 눈 사막처럼 펼쳐진 산등

성이로는 단양군 가곡면 어의곡리에서 올라오는 등산객들이 마치 정지영 감독의 영화 '남부군'의 한 장면처럼 행렬을 이루는 곳이다. 그런데 오늘은 그런 모습을 볼 수 없다.

오전 11시 35분, 도착한 비로봉毘盧峯, 1,439m 정상에도 사람이 없다. 빠른 걸음으로 비로봉을 벗어나 국망봉을 향해 내려온다. 어의곡리 갈림길과 초암사 갈림길을 지나 12시 55분, 국망봉國望峰, 1,421m에 도착한다. 국망봉은 신라 말 경순왕이 신라의 국운이 기울어 고려에 자진하여 항복하자 이에 반대한 마의태자麻衣太子가 속세를 버리고 은둔처를 찾아 금강산으로 가는 도중 이 산에 당도하여 옛 도읍인 경주를 바라보며 망국의 눈물을 흘렸다 하여 붙여진 이름이다.

천둥번개를 동반한 비바람, 두 시간 동안 떨어

오전 내내 좋던 날씨는 국망봉을 지나면서 갑자기 급변하여 짙은 안개 속에 비가 내리기 시작한다. 상월봉을 지나 늦은맥이재 지날 때쯤 하늘이 완전히 칠흑같이 어두워지더니 이어 주먹만 한 장대비와 천둥과 번개가 소백산을 삼킬 기세다. 마치 옛날 소돔과 고모라 성을 심판하듯 하늘은 전투기가 발진하는 듯한 굉음소리와 함께 천둥과 번개를 번갈아 쳐댄다. 천둥과 번개는 마치 나를 타깃으로 삼은 듯 내가 서 있는 상공에서 한동안 윙윙거리다 눈 깜짝할 사이에 몇 발짝 떨어진 곳에 번쩍 하고 떨어져 거대한 나무를 부러뜨린다. 그 광경에 오금이 저려 발을 내딛기가 두렵다. 겁에 질린 채 앉지도 못하고 선 채로 점심을 먹는데 밥알이 제대로 넘어가지 않는다.

그렇게 2시간여에 걸친 공포 속의 산행 끝에 국망봉에서 늦은맥이

재를 지나 오후 3시 20분, 연화동 삼거리에 도착한다. 이제 하늘은 어두운 장막을 거두고 비는 천천히 그치기 시작한다.

그리고 보면 그동안 소백산 고치령 구간은 대간산행에 있어 매번 내게 시련을 안겨주었다. 이번에는 폭우와 천둥번개로 힘들었지만 지난해 1월 말 2차 대간산행 시에는 폭설로 큰 시련을 주었다.

당시 겨울이라 고치령에서 출발하여 늦은맥이재를 지나 어의곡리로 하산하는, 마루금만 약 9km에 이르는 코스였는데 막상 고치령에 도착하니 대간 길에 눈이 70~80cm 쌓여 있었다. 당시 서울에는 비가 왔었는데 소백산에는 눈이 되어 내린 것이다. 등산로는 러셀이 되어 있지 않아 깊은 곳은 허리까지 빠졌다.

산행대장과 나를 포함하여 5명이 선두그룹에 서서 러셀을 해가며 산행을 진행하였으나 1시간에 1km의 속도가 나지 않아 산행 2시간 만에 회원 대부분을 컴백시켰다. 다만 지도부의 양해를 얻어 나를 포함하여 김옥남 고문님과 정창기 부회장님, 양진형 님 부부, 김유신 님 등 원하는 사람 일곱 명만 산행을 강행했다.

일곱 사람이 교대하면서 러셀을 했지만 기온이 영하 15도 이하고 체력도 급격히 저하하여 결국은 늦은맥이재를 2.9km 남겨두고 산행 시작 7시간 만에 연화동 삼거리로 탈출했던 기억이 있다. 당시 우리는 없는 길을 개척해 나가는 것이 얼마나 힘들고 자연을 거스르는 것인지 새삼 느꼈었다.

 연화동 삼거리를 지나면서 '지난겨울 참 용케도 이 길을 잘 지나갔구나' 하는 마음에 나도 모르게 살며시 웃음이 나온다. 당시 산행에 나섰던 나를 포함한 '칠인의 용사'들은 아마 죽을 때까지 그날의 추억을 잊지 못할 것이다.

 비는 그쳤지만 등산로는 이미 젖을 대로 젖어 있다. 저체온증을 막기 위해 우의를 걸쳤으나 이미 몸은 흠뻑 젖어 있는 데다 신발에서는 걸을 때마다 마치 펌프질하듯 물이 콸콸 밖으로 새어나온다.

 오후 4시 52분, 온통 비에 젖은 몸으로 고치령에 도착한다. 폭우와 천둥번개에 시달렸던 두려움이 지난겨울 힘들었던 산행 추억들과 한데 어우러져 즐거움이 되고 행복이 되었다.

24 소백과 태백의 사이 '양백지간兩白之間'에 들어서며

제24구간 고치령~마구령~갈곶산~늦은목이~선달산~박달령

산행 날짜 2014. 8. 1(금)
산행 거리 20.60km
산행 시간 10시간 (07:50~17:50)

경북 영주시에서 충북 단양군으로 넘어가는 백두대간 고갯길은 크게 3개로 나뉘는데 첫 번째가 죽령이요, 두 번째는 고치령 그리고 세 번째는 가장 동쪽에 위치한 마구령이다.

아침 7시 50분에 고치령을 출발한다. 좌석리에서 고치령까지는 2.8km 남짓 거리인데 고도가 높아 산행 시간을 족히 1시간 30분은 잡아야 한다. 대부분 대간꾼들은 시간을 아끼기 위해 좌석리 이장이 운영하는 트럭으로 이동한다. 백두대간을 걸으면서 나도 이 트럭을 7~8번은 타본 것 같다. 하지만 오늘은 조동식 동기의 지원으로 구불구불한 시멘트 포장도로를 아슬아슬하게 달려 해발 760m의 고치령에 도착한다.

고치령에는 국망봉 11.1km, 마구령 8km라는 이정표와 함께 공터 좌측에는 백호 모양의 수마석과 표지석이 서 있다. 우측에는 산령각과 태백천장太白天將을 가운데 두고 양백대장이 서 있다. 장승하면 '천하대장군', '지하여장군'을 연상하는데 '포도대장군', '소백지장', '태백지장' 등은 생소하다.

단종애사의 전설 어린 고치령

고치령은 단순히 보부상들만 넘나들던 고개가 아니다. 세조에게 왕위를 찬탈당한 '단종애사'의 슬픔을 간직한 한 많은 길이며 또한 태백산과 소백산을 가르는 기준이 되는 고개다.

영주 사람들은 북쪽 영월에서 죽은 단종은 태백산 신령이 되었고, 세종의 여섯째 아들로 단종 복위를 꽤하다 순흥으로 유배되어 안동에서 죽은 금성대군錦城大君 1426~1457은 소백산 신령이 되었다고 믿었다. 조카와 삼촌은 죽어서야 만날 수 있었고, 육신은 넘을 수 없었던 고개가 바로 고치령인 것이다.

사람들은 소백과 태백 사이의 양백지간兩白之間인 고치령에 산신각을 짓고 금성대군과 단종의 영혼이 만나는 자리를 마련해 주었다. 산신각에는 태백산 신령인 단종과 소백산 신령인 금성대군이 함께 모셔져 있다고 한다. 단산면에서는 20년 전부터 포도 재배를 시작하여 현재 100여 농가가 포도 마을을 이루며 와인을 생산하는데 포도대장군은 포도 농사에 대한 풍년을 기원하는 장승인 듯싶다.

고치령에서 마구령까지는 전형적인 육산으로 전체적으로 안락한 느낌을 주며 내가 좋아하는 소나무들이 많다. 또 500m 진행할 때마다 이정표가 나와 지루하지 않게 산행할 수 있어 좋다.

하지만 이 구간도 소백산 자락이어서 겨울철에는 바람이 엄청나다. 2012년 12월 말 2차 대간 시 이 구간을 지난 적이 있는데 마치 토네이도 같은 바람이 불어와 몸을 가눌 수 없었다.

고치령에서 자개봉 갈림길인 959m 봉까지는 다소 된비알 구간이나 877m 봉과 미내치 직전인 831m 봉까지는 별 어려움이 없다. 미내치

를 지나자 저 앞에 1,096.6m 봉이 높게 버티고 있다. 느긋한 마음으로 1,096.6m 봉 헬기장을 올라 마구령을 향해 가파른 내리막을 걷는다. 참나무 숲에서 의연한 자태를 뽐내고 있는 금강송 군락들이 많다. 금강송의 미모에 취해 10시 45분, 해발 810m의 마구령에 도착한다.

마구령馬驅嶺은 경상북도 영주시 부석면 남대리에 위치한 고개다. 935번 지방도가 이곳을 지난다. 이 고개를 넘어서 충북 단양군 영춘면에 위치한 의풍리로 갈 수 있으며, 의풍리에서 충북과 강원도 지역으로 갈 수 있다. 장사꾼들이 말을 몰고 다녔던 고개라고 해서 마구령이라는 이름이 붙었다. 경사가 심해 논을 매는 것처럼 힘들다 하여 매기재라고도 불린다.

이제 마구령에서 갈곶산으로 향한다. 숨을 헐떡이며 한 걸음 한 걸음 지나 1시간여 만에 1,058m 봉에 다다른다. 조망이 확 트여 북서

쪽으로는 선달산이 보이고, 동남쪽으로는 갈곶산과 봉황산이 보인다.

대간 길은 헬기장을 지나니 완만한 내리막이다. 이어 참나무 숲이 울창한 오르막이 되었다가 다시 편안한 등산로가 이어진다. 갈곶산 삼거리까지는 손에 잡힐 듯 보이지만 막상 걸으니 지루하게 내리막과 오르막의 연속이다. 정상석은 없고 누군가 이정목에 흰 글씨로 갈곶산이라 써놓았다. 이정표는 늦은목이 1.0km, 마구령 4.9km로 나와 있다.

봉황산 자락에 위치한 부석사와 무량수전

대간 길은 좌측으로 90도 꺾여서 늦은목이로 내려서고 직진 방향은 금줄이 처져 있는데 봉황산810m으로 가는 길이다. 봉황산 자락에는 유명한 부석사浮石寺가 자리하고 있다.

부석사는 신라 문무왕 16년676년에 의상대사가 왕명을 받들어 화엄의 큰 가르침을 펼쳤던 곳이다. 『삼국유사』에 의하면, 의상대사가 당나라에서 유학을 마치고 귀국할 때 그를 흠모한 여인 선묘가 용으로 변해 이곳까지 따라와서 줄곧 의상대사를 보호하면서 절을 지을 수 있게 도왔다고 한다.

부석사 무량수전은 우리나라에 남아 있는 목조 건물 중 봉정사 극락전국보 제15호과 더불어 오래된 건물로 고대 사찰 건축의 구조를 연구하는데 중요한 역할을 하고 있다. 무량수전은 극락정토를 상징하는 아미타여래불상을 모시고 있는데 지금 있는 건물은 고려 우왕 2년1376년에 지은 것이라 하니 대단한 국보급 건물임에 틀림없다. 이 건물은 지붕 처마를 받치기 위해 장식한 구조를 간결한 형태로 기둥 위에만 짜 올린 주심포 양식으로 유명하다.

국어사전은 무량수無量壽의 뜻을 '헤아릴 수 없이 오랜 수명'으로 규정하고 있다. 그런데 불가에서 무량수는 아미타불 및 그 땅 백성의 수명이 한량이 없음을 의미한다고 한다. 인간이라면 누구나 이러한 무량수를 꿈꿀 것이다. 하지만 한 시대를 풍미했던 절대 권력이나 영웅도 무정한 세월 앞에 어찌지 못했다. 그야말로 화무십일홍花無十日紅 같은 인생들이다.

그러나 짧기에 인생이 아름답다고 시인 정일근은 부석사 무량수전 앞에서 역설적으로 노래한다.

부석사 무량수

― 정일근

어디 한량없는 목숨이 있나요
저는 그런 것 바라지 않아요
이승에서의 잠시 잠깐도 좋은 거예요
꽃도 피었다 지니 아름다운 것이지요.
사시사철 피어 있는 꽃이라면
누가 눈길 한 번 주겠어요

무량수를 산다면

이 사랑도 지겨운 일이어요

무량수전의 눈으로 본다면

사람의 평생이란 눈 깜빡할 사이에 피었다 지는 꽃이어요.

우리도 무량수전 앞에 피었다 지는 꽃이어요.

반짝이다 지는 초저녁별이어요

그래서 사람이 아름다운 거지요

사라지는 것들의 사랑이니

사람의 사랑은 더욱 아름다운 게지요.

인근 영월에 묻힌 조선 후기 방랑시인 김삿갓도 말년에 부석사를 찾아 '안양루' 앞에 펼쳐지는 풍광에 감탄했다고 한다. 무량수전 마당 앞 '안양루'에 김삿갓의 시 '浮石寺'가 걸려 있던 게 기억에 나 옮겨본다.

浮石寺

平生未暇踏名區　白首今登安養樓
江山似畵東南別　天地如萍日夜浮
風塵萬事忽忽馬　宇宙一身泛泛鳧
百年幾得看勝景　歲月無情老丈夫

평생 동안 여유가 없어 명승지를 못 보았더니
흰머리 되어 안양루에 올랐네.

강산은 그림처럼 동남에 펼쳐지고
천지는 부평초처럼 밤낮으로 떠 있다.
세상만사가 빠른 말처럼 흘러가고
우주에 내 한 몸 오리처럼 헤엄친다네.
백 년 인생에 명승지를 얼마나 볼 건가만
세월은 무정하게 나는 늙었구나.

이제 잰걸음으로 늦은목이를 향해 급경사를 내려간다. 이정표에는 늦은목이 1.0km인데 내리막 경사가 장난이 아니다. 경사가 심하다는 것은 목표지인 선달산을 오르는데 그만큼 오르막을 올라야 함을 의미한다.

갈곶산을 출발한 지 40분 만인 오후 2시 10분 해발 800m의 늦은목이에 도착한다. 늦은목이 이정표에는 선달산 1.9km로 나와 있다. 여기서 오른쪽으로 잘 정비된 나무계단을 통해 내려가면 봉화군 물야면 생달마을이 나오고, 선달산은 직진 방향 오르막 나무계단으로 이어진다. 등산로 양옆에는 멧돼지가 파헤친 흔적이 많다.

영주를 지나 봉화로

늦은목이에서 약 40여 분 오르자 어래산 갈림길이 나온다. 좌측 9

시 방향으로 가면 어래산 1,063.6m이 나오는데 어래산은 강원도 영월 하동면과 경북 영주시 부석면, 그리고 충북 단양 영춘면 사이에 있는 산이다. 영월 하동면 어래산 자락 쌍꼬깔바위 건너편에 김삿갓 묘와 생가 터가 있다.

늦은목이에서 선달산까지는 경사의 차이는 있지만 계속 오르막이어서 힘이 든다. 늦은목이에서 1시간 10분에 걸쳐 오후 3시 20분 오늘 대간 길 중 최고봉인 선달산先達山, 1,239m에 도착한다. 선달산은 강원 영월군과 경북 봉화군·영주시 경계에 있는 산으로, 북쪽 비탈면을 흐르는 수계는 옥동천으로 흘러들고 남서쪽 비탈면에서 발원하는 수계는 내성천으로 흘러든다. 동남쪽 기슭에는 국민관광지인 오전梧田약수가 있다.

평평한 정상에 산림청에서 세워놓은 '백두대간 선달산' 정상석이 멋지다. 하지만 정상은 숲으로 가려져 이렇다 할 조망은 없다.

선달산에서 박달령까지는 5.1km로 내리막길이 주를 이루기는 하지만 작은 오르내림이 있다. 조금 내려오니 박달령 5.0km, 늦은목이 1.8km라는 이정표가 있고, '선달산 옹달샘' 표시가 있는 안부에서 통나무 계단을 올라가니 1,221m 봉이다.

여기서부터 대간 길은 완만한 내리막이다. 오후 4시 40분, 영주국유림관리소에서 세워놓은 참나무 식별 표시판갈참나무.

굴참나무, 떡갈나무, 졸참나무, 상수리나무, 신갈나무 등을 지나 등산로 우측에 자그마하지만 수석과 같은 기암을 만난다. 이어 박달령까지는 크게 힘들지 않게 내려선다. 잘 정비된 헬기장 바로 뒤에 박달령에 도착하니 오후 5시 50분이다.

박달령 마루금에 있는 정자를 깨끗이 청소해 놓고 기다리던 조동식이 구워주는 생선구이로 알차게 석식을 해결하고 오늘 하루를 마감한다.

25. 넉넉한 대간 길, 이보다 더 좋을 순 없다

제25구간 박달령~주실령 갈림길~옥돌봉~도래기재~구룡산~고직령~곰넘이재

- **산행 날짜** 2014. 8. 2(토)
- **산행 거리** 14.08km
- **산행 시간** 6시간 55분(07:50~14:45)

선달산을 기점으로 대간 길은 영주를 벗어나 봉화로 접어든다. 경북 봉화에는 해발 1,000m 이상의 고봉들과 계곡이 많다. 석포면의 청옥산1,276.5m을 비롯하여 춘양면의 옥석산1,242m과 구룡산1,345.7m, 물야면의 선달산 등 1,000m 이상의 산들이 10개에 이르고, 석천계곡봉화읍, 고선계곡소천면, 사미정계곡법전면 등 때문지 않은 원시 자연이 숨 쉰다.

오늘 산행은 우측의 봉화와 좌측 영월을 지나는 구간으로 산행거리는 약 14km로 짧다. 또한 햇볕이 없는데다 바람도 강하게 불어 최적의 산행이 될 것 같다. 마음도 편안한 가운데 아침 7시 50분, 박달령을 출발해 산행을 시작한다.

박달령 산령각 옆으로 이어진 대간 길을 따라 조금 오르니 옥돌봉 3.0km, 선달산 5.0km 이정표가 나온다. 이어 오전 9시 옥돌봉을 300m 앞에 두고, 문수기맥의 분기점인 주실령 갈림길에 도

착한다. 이곳에서 오른쪽으로 내려가면 915번 지방도로와 만나는 주실령이 되고, 계속 진행하면 문수산으로 연결된다. 이곳에서 좌측으로 옥돌봉까지는 큰 오름 없이 올라선다.

옥돌봉 1,244m은 옥석산玉石山이라고도 하는데 박달령에서 이곳까지 1시간 20분 걸렸다. 정상에는 봉화산악회에서 세운 정상석이 있다.

옥돌봉에서 도리기재까지는 내리막길이라 가볍고 사뿐하게 발걸음을 옮긴다. 내려서면 왼쪽으로 하얀 펜스가 보이는데 550년 된 철쭉나무다. 나무 나이 550년, 높이 5m, 둘레 105cm라고 되어 있다. 나무 밑동 부분과 굵게 자란 가지를 보며 '이게 과연

예백 산악회
산새들의합창
곡괭이
비실이 부부
알파 산악회
정희태
백두대간 종주대
대구
K2
자유산악
안동강남산악회
산울림 산악회
김해 토요산악회
나홀로 산우회
나침반알파인클럽
성남인자산악회
홍대간종주

도래기재

철쭉나무일까?' 하고 생각해 본다.

  나무계단을 따라 내려와 영월과 봉화 춘양면을 연결하는 88번 도로가 지나는 도래기재에 9시 55분 도착한다. 나무계단 오른쪽 끝 지점에 '구룡산 5.4km'라 적혀 있다. 도래기재는 경북 봉화군 춘양면 우구치리와 서벽리를 연결하는 고개인데 서벽리는 '마을 서쪽에 높은 산이 벽처럼 가로막고 있다' 해서 붙여진 이름이다. 주실령이 뚫리기 전까지 서벽리에서 외지로 연결되는 도로는 봉화와 영월을 잇는 88번 도로가 유일했다.

  서벽리 일대는 춘양목 군락지다. 춘양목은 좁게는 봉화군 춘양면 일대에서 자라는 금강송을 지칭하지만 넓게는 봉화, 울진, 삼척 등 태백산 일대에서 자라는 우량 금강송을 말한다.

금강송의 대명사 '춘양목' 군락지를 지나며

  우리나라 소나무는 생육 환경에 따라 육지에 살면 육송, 해안가에 살면 해송으로 나뉘고 색깔에 따라 적송, 백송, 흑송으로 구분하는데 춘양목은 육송, 적송으로 금강송으로도 불린다.

  소나무는 주변에 다른 나무가 자라지 못하도록 독소를 품어낸다고 한다. 거대한 소나무 군락이 형성되는 이유다. 봉화, 울진, 삼척 소나무 군락이 대표적인데 이들은 자기들끼리 치열하게 경쟁하며 하늘로만 치솟기 때문에 나무가 곧다고 한다. 또한 다른 소나무와 달리 중간부터 껍질이 얇아지면서 점차 붉은 색을 띤다. 이러한 특성 때문에 다른 소나무에 비해 뒤틀림이 적고, 강도도 5배 이상 높아 목재로는 한반도에서 최고로 대접받았다.

때문에 예로부터 궁궐을 지을 때 주로 사용되었는데 당시에는 교통이 좋지 않아 주로 서울로 운송이 가능한 남한강 수계를 따라 벌목했다고 한다.

하지만 차츰 서울의 고관대작들도 목조 집을 선호하게 되고, 일제가 춘양면에 철도영동선를 놓으면서 봉화, 울진, 삼척 등 심산유곡에서 생산된 금강송의 서울 운송이 가능해졌다고 한다.

이 일대에서 벌목된 금강송들은 춘양역으로 집결되었고, 전국 목재상들은 이 금강송을 춘양목이라 부르게 되었다는 것이다. 그 이후 춘양목은 금강송의 대명사가 되었다.

금강송 산판 역사는 일제시대부터 시작되었지만 한국전쟁 이후 정부 주도하에 이 지역에서 대대적인 산판이 이루어졌다. 개인업자들에게도 얼마만큼의 돈을 받고 벌목을 허가해 주었다고 한다. 이로 인해 울진, 삼척, 봉화 일대의 금강송 원시림이 무분별한 벌목으로 사라졌다. 금강송이 사라진 것을 일제만 탓할 수 없는 이유가 여기에 있다.

일제시대와 해방 이후 무분별한 벌목이 없었다면 이 일대 소나무 숲은 얼마나 울창하고 웅장했을까? 그 웅장함을 다시 보려면 얼마나 더 기다려야 할까?

춘양목 이야기가 너무 길어졌다. 다시 도래기재로 돌아가자. 도래기재 유래는 본래 이곳에 조선시대 역驛이 있어서 도역마을이라 불리다가 현재처럼 변음되었다고 한다. 이 고개 아래에는 1925년에 일본인들이 캐낸 광물을 수송하기 위해 뚫은 '금정수도'라는 터널이 있었는데 지금은 폐쇄되었다고 한다.

88번 도로를 건너 다시 나무계단을 올라 구룡산으로 향한다. 들머리 우측 철조망엔 대간리본들이 많이 달려 있다. 등로 옆으로는 쭉쭉 뻗은 소나무들이 저마다 아름다운 자태를 뽐내고 있다. 춘양목이다.

도래기재를 출발한 후 30분쯤 임도에 도착했는데 이정표에는 도래기재 1.62km, 구룡산 3.92km로 나와 있고 쉼터 의자도 있다. 쉼터를 지나 내려가면 임도를 가로질러 오르막 계단으로 이어진다.

이어 작은 봉우리 두어 개를 넘으면 헬기장이 나타나고, 다시 봉우리를 힘차게 오르면 쉬어갈 수 있는 의자가 나온다. 이 봉우리를 지나 완만한 능선 길을 오르내려 통나무 계단을 따라 내려오면 임도에 닿는다. 구룡산 1.56km를 남긴 지점이다. 이정표 뒤에는 구룡산 유래를 담고 있다. 임도에서 몇 개의 나무계단을 반복하며 오르니 구룡산 1km가 남았다. 이 지점에서 다시 통나무 계단을 따라 커다란 바위들이 여기저기 보이는 등산로를 따라 고도를 높여간다.

운무에 몸을 숨긴 구룡산

오후 1시 30분, 드디어 헬기장이 있는 구룡산九龍山, 1,345.7m 정상이다. 구룡산은 경북 봉화군 춘양면 우구치리와 강원도 영월군 상동면 덕구리에 위치한 산인데 이런 전설이 전해 온다. 용이 승천하여 구룡산이라 하는데, 용이

승천할 때 어느 아낙이 물동이를 이고 오다 용이 승천하는 것을 보고 "뱀 봐라" 하면서 꼬리를 잡아당겨 용이 떨어져 뱀이 되었다고 한다. 전설 치고는 좀 시시하다.

구룡산 동쪽 진행 방향으로 신선봉이 있고, 그 북동쪽으로 깃대배기봉 등이 있을 것이나 오늘은 조망되지 않는다.

대간 길은 소형차가 다닐 수 있을 정도의 방화선을 따라 내리막길이 이어지다가 20여 분쯤 완만하게 오르막으로 진행된다. 이어 해발 1,231m인 고직령 삼거리에 도착한다. 이정표는 구룡산, 향이동, 곰넘이재를 표시하고 있으나 거리 부분이 희미하게 지워져 있다. 이곳에서 향이동 방향으로 100m쯤 가면 산령각이 있는데 이 산령각은 보부상들이 호랑이 피해를 입지 않도록 매년 제사를 지낸 곳으로, 지금도 음력 4월 14일에는 제를 지낸다고 한다.

이어 고직령 삼거리에서 방화선을 따라 30분 완만한 마루금을 내려가면 곰넘이재에 닿는다. 오후 2시 45분 도착한 곰넘이재 안내판에는 '곰넘이재는 경상도에서 강원도로 들어가는 중요한 길목이었으며, 특히 태백산 천제를 지내러 가는 관리들의 발길이 끊이지 않던 고갯길이었다. 문헌 영가지永嘉誌에 웅현熊峴이라고 표기되어 있는 것으로 보아 언제부터인지 순 우리말로 순화하여 곰넘이재로 부르게 된 것으로 추정된다'고 적고 있다.

오늘 종주는 곰넘이재에서 마감하고 참새골 입구로 하산한다.

26 태백산, 화난 모습으로 날 맞이하다

제26구간 곰넘이재~신선봉~차돌배기~깃대배기봉~부소봉~
천재단(태백산)~산령각~사길령~화방재

산행 날짜 2014. 8. 3(일)~4일(월)
산행 거리 15.93km
산행 시간 7시간 5분(08:55~16:00)

어제는 햇볕도 없고 바람도 강하게 불어주어 등산하기에는 최적의 날씨였으나 오늘은 장대비가 내리는 가운데 바람마저 심해 등산하기에는 최악의 날이다. 밤새도록 비가 내렸고 아침에도 비는 그칠 줄 모르고 쏟아져 오늘 하루 산행이 걱정된다. 비가 그치길 기다리며 출발 시간을 늦추었으나 끝내 비가 그칠 기미가 없어 8시 55분, 뒤늦게 출발한다.

밤새도록 내린 비에 이어 출발 시에도 비가

곰넘이재에서 신선봉 오르는 길은 나무계단을 지나 넓은 임도와 방화선을 오르내린다. 많은 비가 마루금을 타고 흘러내려 마치 시냇물을 건너는 기분이다. 이대로 가면 신선봉 도착 전에 옷과 신발이 물에 흠뻑 젖을 듯하다. 여름 산행이지만 우중 산행은 자칫하면 저체온증을 유발할 수 있어 무척 신경이 쓰인다. 체온관리를 잘 해야겠다고 다짐한다.

방화선이 끝나고 산죽과 싸리나무, 참나무 숲으로 이뤄진 등산로를 오른다. 산행을 시작한 지 40여 분 시점으로 평소 같으면 앞에 신선봉이 보일 법도 하지만 시야는 제로다.

쏟아지는 빗물을 거스르며 오르막을 한걸음씩 치고 나가자 처사 경주손공영호지묘라고 쓴 묘가 나타나고, 이어 오전 9시 45분 부산낙동산악회에서 물푸레나무에 걸어놓은 '신선봉 1,280m' 현수막이 보인다. 신선봉 정상에 다다른 것이다.

신선봉에서 차돌배기까지는 약 2km 거리다. 가파른 나무계단을 내려가니 편안하고 걷기 좋은 참나무 숲과 산죽 길로 이어진다. 하지만 등산로는 빗물로 인해 거의 강물로 변해 있다. 이러한 가운데서도 신선봉을 출발한 지 1시간 10여 분 만에 차돌배기에 도착한다.

영주국유림관리소에서 세운 안내판에는 '차돌이 박혀 있어 차돌배기'라 전한다고 적혀 있다. 이정표에는 태백산 10km, 참새골 입구 6km, 석문동 6km로 나와 있다. 우측 봉화군 춘양면 석문동은 『정감록』의 전국 십승지 중 한 곳으로 전쟁 시 피난하면 누구도 찾지 못한다는 오지다.

태백산 사고지 분기점, 각화산 갈림길

차돌배기에서 20여 분 진행하면 각화산 갈림길이다. 우측으로 직행하면 각화산 1,176m 방향이고, 대간 길은 좌측으로 급하게 꺾인다. 각화산 기슭에는 『조선왕조실록』을 보관했던 태백산 사고지史庫址가 있다. 조선 사고는 초기에 서울, 충주, 성주, 전주에 있다 임진왜란 후 유일하게 남은 전주사고본全州史庫本을 저본底本으로 하여 태백산, 오대산, 정족산, 적상산 네 곳에 보관했다. 각화산은 태백산 주봉에서 남쪽으로 약 12km 떨어진 지점에 있는데 옛 사람들은 이 일대의 산을 모두 태백산으로 불렀다고 한다.

각화산 갈림길에서 약 1km 직진하면 좌우로 대규모 겨우살이 군락지인데 지금은 참나무 숲이 무성하여 겨우살이를 구분하기는 힘들다. 겨우살이는 여름철에는 다른 식물의 그늘에 가려 햇볕을 받지 못하므로 생육하지 않다가 가을이 되어 나뭇잎이 떨어지면 성장한다고 한다. 대부분 여러 숙주식물에서 기생생활을 하며 천천히 자라고 오래 살지만 숙주식물이 죽으면 함께 죽을 수밖에 없는 운명이다.

이곳에서 등산복을 벗고 비에 젖은 등산복을 짜낸다. 저체온증을 막기 위해서는 쉼 없는 산행과 주기적인 열량 섭취 및 효율적 체온 유지가 중요하다. 간간이 비에 젖은 옷을 짜내며 체온을 유지하기 위해 비닐 상의를 착용한다.

등산로는 다시 오르막으로 유장하게 이어지고 이어 편안한 길을 지나 나무계단을 오르니 태백시 한얼뫼오름회에서 세워놓은 깃대배기봉 정상석 1,370m이 보인다. 여기에서 능선 길로 조금 더 올라가자 산림청에서 세워놓은 정상석 1,368m이 또 있

다. 깃대배기봉은 원래 안개가 연기처럼 보인다 하여 백연봉白煙峰이라고도 하는데, 일제 때 측량하느라 깃대를 꽂아서 깃대배기봉이라 불린다는 얘기가 있다.

깃대배기봉 숲 안내판에는 '이 지역은 해발 1,368m로 산죽과 여러 식생이 어우러진 고지대 생태학습장'이라고 되어 있다.

거센 비바람에 눈앞에서 부러지는 거목

깃대봉에서 부쇠봉으로 오르는 길은 거의 평지에 산죽과 잣나무 숲과 물푸레나무, 그리고 자작나무 숲이 잘 어우러져 걷기 좋은 길이다. 그러나 오늘은 먹구름 속에서 천둥소리가 나고 비바람이 거세져 평온하던 숲은 마치 성난 바다의 파도처럼 변해 일렁인다. 한 치 앞을 가늠하기 어려운 가운데 거센 비바람에 나무가 우지직하고 꺾이는 현장이 여기저기에서 목격된다. 자연의 무서움에 공포를 느낀다. 지난번 소백산 국망봉에서의 악몽이 되살아나는 듯하다.

오후 1시 30분, 이러한 공포 속에 가까스로 부쇠봉 삼거리를 지나 부쇠봉1,546.5m에 이른다. 부쇠봉은 부소봉扶蘇峰이라고도 하는데 단군의 둘째 아들 부소왕에서 비롯됐다고 한다. 또는 불 지필 때 쓰는 부싯돌이 많아서 부쇠봉이라 했다는 말도 있다.

여기서 직진하면 문수봉이다. 부쇠봉에서 문수봉 가는 길은 능선으로 이어져 그리 험하지 않다. 능선 좌우로는 주목 군락과 자작나무 군락이 교대로 펼쳐져 있어 겨울 산행에서는 빼놓을 수 없는 코스다.

부쇠봉에서 왔던 길을 되돌아 천제단을 향한다. 천왕단 남쪽 300여m에 위치한 제단 하단에 이어 오후 1시 55분, 태백산太白山, 1,567m 정상에 도착한다. 평소 같으면 사방이 탁 트여 멀리 응봉산, 청량산, 두타산, 소백산까지 다 보이는데 오늘은 빗속이라 볼 수 없다. 정상에는 중요민속자료 228호인 천왕단天王壇이 있다.

모두 잘 알듯이 천제단天祭壇은 조상들이 하늘에 제사를 지내기 위해 설치한 제단이다. 그런데 만들어진 시기와 유래 등에 대해서는 정확히 알 수 없다고 한다. 안내판에는 『삼국사기』를 비롯한 옛 서적에 '신라에서는 태백산을 삼산오악 중의 하나인 북악이라고 하고 제사를 받들었다'라는 기록이 있는 것으로 미루어 태백산을 예로부터 신령스러운 산으로 여겼음을 알 수 있다.

천제단은 가장 규모가 큰 천왕단을 중심으로 북쪽으로 장군단과 남쪽으로 하단이 있다. 천왕단은 하늘에 제사를 지내던 곳이고, 장군단은 사람에게 제사를 지내던 곳이며, 하단은 땅(자연)에 제사를 지내던 곳이라고 한다. 이 세 개의 단이 삼재사상에 기초해 있는데, 즉 하늘의 뜻을 받들고 땅을 경외하며 조화로운 삶을 살아가겠다는 사람들의 고

백이 담겨 있다는 것이다. 말하자면 태백산은 백두대간이 상징하고 있는 생명사상의 중심이라고 할 수 있으며 상생과 조화로운 삶을 향한 시작이라고 할 수 있는 산이다.

태백산은 고려 사대부들에게도 흠모의 대상

태백산은 고려시대 사대부들에게도 흠모의 대상이었다. 정상의 등산 안내도 뒷면에는 고려 말 충혜왕 때 안축安軸, 1282~1348이 지었다는 한시 '등태백산登太白山'이 적혀 있다. 이 시는 안축이 남긴 『근재집謹齋集』에 나오는 것이라고 한다.

登太白山　　등태백산

直過長空入紫煙	허공에 곧추 올라 안개 속으로 들어가니
始知登了最高嶺	비로소 더 오를 곳 없는 산마루임을 알겠네.
一丸白日低頭上	둥그런 해는 머리 위에 나직하고
四面群山落眼前	사방 뭇 산봉우리들이 눈 아래 앉아 있네.
身逐飛雲疑駕鶴	나는 구름을 좇으니 학의 등에 올라탄 듯
路懸危磴似梯天	돌층계 허공에 걸렸으니 하늘 오르는 사다리인가
雨餘萬壑奔流張	비 그친 골짜기마다 시냇물 내달리고
愁度縈回五十川	구비 구비 오십 천에 수심을 띠우나니

　　태백산은 6·25 동란 때 동족끼리 맞붙어 치열한 전투를 벌였던 아픈 상처를 안고 있다. 내전이 끝난 뒤에는 빨치산과 토벌대 사이에 쫓고 쫓기는 유격전이 벌어졌던 비극의 현장이다.

　　이러한 비극이 다시는 없기를 바라면서 유일사 쉼터로 향한다. 장군봉에서 약 700여m 내려오면 등산로 양옆으로 아름드리 주목나무가 군락을 이루고 있다. 속이 텅 빈 한 주목나무 속에서는 족히 3m는 됨 직한 마가목이 자라고 있다. 그런데 이들 주목나무들은 다른 녹음이 짙은 나무들 사이에 있어 눈에 잘 띄지 않는다.

역시 태백산 주목은 혹한의 눈밭에 있어야 제격이다. 하얀 설산의 독야청청 고고한 주목은 등산객들에게 외경심과 신령스러움을 불러일으킨다. 건너편 함백산 모습도 신비스러움을 더해 준다. 특히 새해 벽두 태백산은 더욱 부산하다. 유일사 매표소 대형주차장에는 전국에서 온 버스와 승용차들로 넘치고, 널따란 등산로는 4열 종대로 무리지어 오르는 등산객들로 비좁을 정도다. 말 그대로 인산인해다.

늘상 붐비는 유일사 쉼터는 오늘은 강한 비바람 탓으로 인적 없이 스산하다. 이정표에는 사길령 매표소 2.4km, 천제단 1.7km, 유일사 매표소 2.3km로 나와 있다.

유일사 쉼터에서 산령각으로 향하는 길은 급경사 내리막인데 종일 내린 비로 토심이 젖어 몹시 미끄럽고 질척거린다. 이 길은 봄에 자줏빛 '얼레지'와 하얀 '꿩의 바람꽃', 그리고 노란 '흰괭이눈'이 많이 피는 곳이다.

이제 산령각이다. 사길령 매표소까지는 500m 정도만 내려가면 된다. 산령각은 사길령을 넘나들던 수많은 길손들과 보부상들이 맹수와 도적떼들로부터 무사안전을 위해 제를 올리던 곳이다. 200여 년 전부터 보부상을 중심으로 음력 4월 15일에 태백산 산신령에게 제사를 지냈는데 지금도 전통이 이어지고 있다고 한다.

화방재에서 계속될 장거리 산행을 위해 하루 휴식

곧이어 사길령980m 표지석이 나온다. 사길령은 경상도에서 강원도로 들어오는 옛 관문이다. 신라시대에는 태백산 정상으로 향하는 다른 고갯길이 있어 그곳을 천령天嶺이라 했다는데 높고 험하여 고려시대에 새롭게 낸 길이 사길령이라 한다. 오후 4시, 산행시작 7시간 만에 태백산 날머리인 화방재에 도착해 오늘 산행을 마감한다.

사실 오늘은 날씨 탓에 조금 힘든 산행이었다. 마을 주민들은 태백과 영월을 연결하는 31번 국도가 지나는 화방재를 어평재라 부른다. 어평이란 태백산의 산신이 된 단종의 혼령이 '이제부터 내 땅御坪이다'라 한 데서 연유되었다고 하니 새삼 단종의 애사哀史가 느껴진다.

비는 이틀간 계속 퍼붓고 있다. 출발 후 2번째의 휴식을 취하면서 앞으로 지날 구간을 다시 점검해 본다.

27. 비는 버리지만 설렘으로 걷는 '천상의 화원'

제27구간 화방재~수리봉~만항재~함백산~중함백~은대봉~두문동재~금대봉~
쑤아밭령~비단봉~매봉산(천의봉)~피재 삼수령

산행 날짜 2014. 8. 5(화)
산행 거리 21.60km
산행 시간 10시간 45분(06:15~17:00)

앞으로 가야 할 구간을 염두에 두고 어제 하루는 산행을 쉬었다. 비에 젖은 장비도 재점검하고 앞으로 계속될 장거리 1일 25km 전후 구간들을 고려한 체력 비축은 물론 다목적 차원에서 하루를 쉬며 계속될 장거리

에 대한 각오를 다진다.

  장마철이라 어제 오전에는 비가 엄청나게 내렸고, 오후부터는 날씨가 개었는데 아마 오늘도 어제와 비슷한 양상이 될 것 같다. 6시 15분, 화방재를 출발할 때부터 심한 비로 온몸이 젖고 신발의 상태도 좋지 않다.

  화방재 출발 시 동행했던 한 부자父子는 15분쯤 뒤 산행을 포기하고 돌아간다. 순간 내 마음도 흔들렸으나 오후부터는 날씨가 개리라는 기대감과 또한 함백산~두문동재~금대봉에 이르는 '천상의 화원'을 걷는다는 설렘으로 산행을 계속하기로 한다. 다만 엊그제 산행처럼 우천에 대비해 구간별 시간 할애 등을 꼼꼼하게 체크하며 진행할 예정이다.

해발 950m인 화방재에서 1,572.3m인 함백산 정상까지는 전반적으로 계속 치고 올라가는 구간이다. 6시 50분, 만항재 중간 기착지인 수리봉1,214m을 지난다. 비가 내리는 가운데 날씨는 덥고 습하여 이마에서는 땀이 연신 흐른다. 숲은 잎깔나무에서 신갈나무와 물푸레나무 자작나무로 교체된다.

이어 경고 표시가 붙어 있는 군사시설물 지대를 지나 산행 시작 1시간 30분 만인 아침 7시 45분, 만항재에 도착한다. 해발 1,330m인 만항재는 국내 도로 중 자동차 통행이 가능한 최고 높이로, 고한읍에서 화방재를 연결하는 414번 도로가 통과한다.

만항재에 오르니 2차 대간종주 시 산우들과 '막걸리' 생각나

사시사철 붐비는 휴게소 앞 주차장은 차가 썰렁하다. 휴게소에서 지난해 봄 대간 두 번째 산행 시 뫼솔산악회 산우들과 감자전에 막걸리를 하던 기억이 남는다.

만항재를 뒤로하고 대간리본들이 만장처럼 매달린 대간 길로 접어든다. 빗물로 목욕을 하고 있는 자작나무 군락은 더욱 우윳빛이다. 아마도 중국 춘추시대 미인 서시西施의 피부에 버금갈 만큼 고운 색깔이다. 검문소와도 같은 흰색 건물이 있는 곳에 이르니 나무 표지석에 두문동재 6.7km, 만항재 1.5km로 나와 있다.

그곳에서 조금 오르니 함백산 기원단이다. 세 방향으로 돌각담을 쌓고 그 안에 고인돌 같은 것을 괴여 놓았는데 형태로 보아 최근에 조성한 것 같다. 기원단 유래를 보니 '태백산 기원단이 국가의 주관으로 국태민안을 위한 것이었다면 함백산 기원단은 일반 민초들이 개인의 안

녕을 위해 기원을 했던 기원단으로 특히 석탄을 채광하던 광부들이 안전을 위해 이곳에 올라 제사를 지냈다'고 적고 있다.

기원단에서 조금 지나니 태백선수촌, 만항재, 정암사로 향하는 삼거리 길이 나온다. 표지석에는 이곳에서 함백산 정상까지는 1.2km라고 나와 있다. 여기서부터 정상까지는 가파른 오르막이다. 숨을 고르며 나무계단을 지나자 이번에는 돌계단이 나온다. 나무들은 키를 낮추고 보이지 않던 어린 주목들이 하나둘씩 모습을 드러낸다. 우측으로는 산허리를 깎아 만든 '대한체육회 태백분촌' 훈련장이 보인다. 등산로 주변 나무들이 바로 크지 못하고 옆으로 자라고 있는 것으로 미뤄볼 때 이제 정상이 머지않음을 느낀다.

이윽고 9시 40분, 함백산1,572.3m 정상에 도착한다. 함백산은 한라산 1,950m, 지리산1,915m, 설악산1,708m, 덕유산1,614m, 계방산1,577.4m에 이어 우리나라에서 여섯 번째로 높은 산이다. 남쪽으로 태백산, 북쪽으로 금대봉과 매봉산, 서쪽으로 백운산, 두위봉, 장산 등 1,400m 이상의 산으로 둘러싸여 산세가 웅장한 백두대간의 명산이다.

정상에서 사람 구경을 할 수 없어 어렵게 핸드폰으로 셀카 인증샷을 찍는다. 다행히 빗줄기는 많이 가늘어지고 있다. 함백산 정상에서 두문동재, 금대봉에 이르는 '천상의 화원' 구간이다. 봄부터 가을까지 온갖 야생화들이 피고 지는 우리나라 최대의 야생화 군락지이다.

　　낙엽송이 울창한 산책로에는 연분홍색 터리풀을 비롯해 범의 꼬리를 닮았다는 하얀색 범꼬리풀, 그리고 모가지가 기린처럼 길어서 기린초로 불리는 노란색 꽃이 서로 자태를 자랑한다. 함백산 북사면 헬기장 아래의 주목나무 고사목 주변에도 다양한 야생화들이 뿌리를 내리고 있다.

　　중함백으로 향하는 길은 된비알이라고 표현하기에는 적절치 않지만 비교적 가파른 오르막이 몇 군데 있다. 이러한 오르막과 내리막을 반복하여 10시 10분, 중함백$_{1,505m}$ 정상에 도착한다. 중함백 나무표지석 옆에는 함백산 정상 3.2km, 두문동재 4.5km로 나와 있다. 여기서 조금 더 내려오자 샘물 쉼터 1.5km란 이정표도 보인다. 날씨가 좋을 때는 좌측으로 고한읍이 조망되는데 오늘은 아쉽다.

　　여기서 조금 지나니 마치 찢어진 영혼이 걸려 있는 듯 고사목 한 그루가 처연하게 서 있다. 나도 나이가 들어간다는 징조일까? 언제부터인가 이런 고사목에서 아름다움보다는 텅 빈 슬픔을 느낀다. 그림자까지 벗어놓은 듯, 그것도 너덜 사이에 서 있는 고사목에서 인간 내면에 숨어 있는 외로움의 본체를 보는 듯하다.

함백산 좌측 사면에 위치한 우리나라 5대 적멸보궁, 정암사

　　정암사 갈림길이다. 이곳에서 정암사는 좌측이며 두문동재는 직진이다. 정암사는 조계종 제4교구 본사인 월정사月精寺의 말사로, 신라 선덕여왕 14년인 645년에 자장慈藏율사가 창건했다고 하니 1,300년이 넘은 고찰이다. 물과 골짜기는 해를 가리고 멀리 세속의 티끌이 끊어져 매우 정갈하다고 하여 정암사라는 이름이 붙여졌다고 한다.

정암사는 우리나라 5대 적멸보궁으로 이름이 나 있는 곳이다. 적멸보궁이란 석가의 진신사리를 모시는 전각으로 양산의 통도사, 오대산 상원사, 설악산 봉정암, 영월 법흥사와 함께 이곳의 정암사가 있다. 적멸보궁이 있는 절의 법당에는 불상을 모시지 않는다고 한다. 진신사리 자체가 부처이기 때문이다. 적멸보궁 뒤쪽에는 보물 제410호인 수마노탑水瑪瑙塔이 있다.

중함백을 지나 오전 11시 15분, 해발 1,442.3m인 은대봉 정상에 도착한다. 은대봉에서 두문동재까지는 급경사 내리막으로 고사목 군락이다. 정면으로는 다음 구간에 지나야 할 금대봉에 이어 저 멀리 매봉산 풍력발전소가 눈에 들어오는데 아직까지 비가 덜 개인 탓에 조망이 없다. 아래 우측 사면으로는 고한읍과 태백시를 잇는 포장도로가 희미하게 아리랑 가락처럼 굽이굽이 흐르고 있다.

낮 12시 20분, 옛 이름이 싸리재인 두문동재에 도착한다. 이곳은 예전에 싸리가 많이 났다고 한다. 아래 기차역을 추전역이라 하는데 한

자로는 싸리 '추楸'와 밭 '전田' 자를 쓴다고 한다.

두문동재1,268m 휴게소 주인아주머니와는 안면이 있다. 대간 산행 때마다 들르기도 했지만 산행이 아니더라도 이쪽을 지날 때면 들르곤 했다. 아주머니는 반색하며 막걸리에 김치를 내와 그것으로 오전 산행의 피로를 달랜다. 아주머니는 헤어지면서 무사 완주를 기원한다.

두문동재 휴게소 아주머니 외로운 산객을 반갑게 맞아

두문동재에서 금대봉 입구는 평소 사람들로 많이 붐비는 곳이다. 금대봉~대덕산~검룡소를 등산하려는 사람들과 백두대간을 진행하려는 사람들이 만나는 곳이다. 오늘 우중에서도 몇몇 사람을 본다. 금대봉~대덕산~검룡소 일대 126만 평은 자연생태 보전지역으로 지정되어 현재는 '사전 예약제'로 출입을 허용하고 있다.

대간 팀은 사전 예약 없이도 이곳을 통과할 수 있어 널찍한 숲길을 따라 완만하게 고도를 높이며 금대봉으로 향한다. 300여m쯤 가다 보니 분주령~대덕산 갈림길이다. 금대봉 정상은 우회전해야 한다.

금대봉. 이름이 예쁘다. 금대의 '금'은 '검'이고, '검'은 '신神'을 의미한다고 한다. 그러므로 '금대'는 '검대'와 같은 말이다. 검대는 말 그대로 '신이 사는 곳'이라는 뜻이다. 이름에서 알 수 있듯이 금대봉은 '신이 사는 봉우리'라는 뜻이다. 또한 금이 많다고 하여 금대라 하였고 산속 여러 곳에 금구덩이가 있다는 얘기도 전한다.

금대봉 북쪽 좌측 사면에는 한강 발원지인 검룡소가 있다. 금대봉 기슭 여러 샘에서 솟아나는 물이 지하로 스며들어 검룡소에서 다시 솟구쳐 514km의 한강 발원지가 되는 것이다. 1987년 국립지리원에서 도상 실측 결과, 한강의 최장 발원지로 공식 인정되었다. 검룡소의 물은 정선의 골지천, 조양강, 영월의 동강, 단양, 충주, 여주의 남한강을 거쳐 경기도 양수리에서 북한강과 합류하고 다시 임진강과 합류한 뒤 서해로 들어간다.

낮 12시 55분, 해발 1,418.1m인 금대봉 정상에 서니 하늘은 더욱 맑아지고 빗줄기는 거의 멈추었다. 지나온 함백산과 가야 할 수아밭령으로 대간 능선에서는 수증기가 뭉개구름이 되어 하늘로 오르고 있다.

금대봉과 매봉산 풍력발전기 숲을 지나

금대봉에서 비단봉 오르기 직전의 안부를 수아밭령이라 한다. 옛날 밭벼를 재배하던 화전으로 원래는 수화밭水禾田嶺, 수화밭고개이라 불렀는데 이것이 구개음화 현상에 의해 '수아밭령'이 되었다는 견해가 있다.

금대봉에서 1,200m급의 봉우리 두어 개를 넘어가면서 수아밭령까지는 고도를 조금씩 낮춰가니 거의 산책로를 걷는 기분이다. 비도 그쳐가고 기분이 한결 상쾌해진다.

오후 2시 5분, 수아밭령에 도착한다. 이정표에는 검룡소 2.83km, 두문동재 4.0km, 삼수령 4.9km로 나와 있다. 수종은 모르겠으나 거대한 고목은 언제 봐도 신령스럽다. 고목 아래에서 잠시 기를 받고, 다시 비단봉을 향해 직진한다. 숨을 고르며 천천히 올라 오후 2시 45분, 해발 1,281m의 비단봉에 도착한다.

비단봉에서 급경사 내리막을 내려오니 비단봉 0.8km, 바람의 언덕 1.1km, 매봉산 1.8km라는 이정표가 나온다. 하늘은 더 개어 파란 하늘 아래 거대한 날개를 가진 풍력발전기들이 한 폭의 수채화처럼 아름답다.

가쁜 숨을 몰아쉬며 습기가 많은 비탈길을 오르니 거대한 돌로 만들어진 '백두대간 매봉산' 표지석이 반긴다. 이어 '하늘 다음 태백'이란 문구와 더불어 '바람의 언덕'이다. 바람의 언덕에서는 풍력발전기를 가까이서 볼 수 있다.

『걸리버 여행기』의 거인들에게 어울릴 법한 대형 바람개비가 힘차게 돌고 있다. 바람개비는 높이가 49m, 날개 하나의 길이가 26m나 되는데 거대한 날개로 발전기를 돌려 전기를 생산한다고 한다. 풍력발전기는 보통 날개 길이가 클수록 유리한데 날개 길이를 2배 늘리면 회전 면적이 4배로 커져 출력도 4배 늘어난다고 한다. 하지만 무턱대고 큰

것을 만들기는 어려운데 이유는 날개를 돌릴 수 있을 만한 강풍에 따라 날개 길이가 결정되기 때문이다.

풍력발전기를 설치하려면 연평균 풍속이 초속 5~6m는 되어야 경제성이 있는데 매봉산 바람의 언덕은 평균 8.3m라고 한다. 현재 매봉산에 설치된 풍력발전기 하나의 용량은 850kW급으로 태백시의 1,000여 가구가 쓸 수 있는 전기를 만들고 있다.

오후 4시 15분, 매봉산 1,303.1m 정상에 도착한다. 앞쪽에는 매봉산, 뒤쪽에는 천의봉으로 새겨져 있다. 전망대 옆 송신탑이 2개 있는데 구형은 방치되어 흉물스럽다. 매번 갈 때마다 느끼는 것이지만 태백시에서 하루빨리 철거했으면 한다.

낙동정맥 370km 분기점 작은피재

매봉산을 기점으로 대간은 서북쪽을 향해 급격하게 좌회전한다. 작은피재까지는 내리막이다. 고랭지 시멘트 도로를 따라 민가를 지나고 30여 분 내려간다. 남쪽 사면으로 펼쳐지는 고랭지 밭과 그 위의 풍력발전단지 모습이 비단봉 방향에서 보았던 것과는 또 다른 모습이다.

이제 작은피재에 도착한다. 표지석에는 백두대간과 낙동정맥의 방

향을 구분해 놓았는데 표지석 자체가 삼각형이어서 인상적이다. 이정표에는 매봉산 2.2km, 구봉산 0.5km로 되어 있다. 370km에 이르는 낙동정맥은 이곳에서 몸을 일으켜 구봉산을 거쳐 부산 다대포로 자맥질한다.

전나무 숲을 쭉 내려오니 아스팔트 임도가 나오고, 조금 더 내려와 해발 920m인 피재삼수령에 도착해 오늘 산행을 마감하니 오후 5시다.

28. 백두대간, 매봉과 두타 사이에서 몸을 다시 낮춰

제28구간 피재~건의령~푯대봉~구부시령~덕항산~환선봉~
자암재~큰재~황장산~댓재

산행 날짜 2014. 8. 6(수)
산행 거리 25.21km
산행 시간 11시간 15분(06 :00~17:15)

　피재라는 지명은 삼척 백성들이 난리를 피해 이상향理想鄕으로 알려진 황지로 가기 위해 이곳을 넘었기 때문에 '피해 오는 고개'라는 뜻에서 유래되었다고 한다. 이러한 피재를 삼수령三水嶺이라고도 하는데 이곳이 삼강三江 : 한강·낙동강·오십천의 발원지이기 때문이다. 삼수령의 빗물은 북쪽으로 흘러 한강을 따라 황해로, 동쪽으로 흘러 오십천을 따라 동해로, 남쪽으로 흘러 낙동강을 따라 남해로 흐르는 분수령이다.

　비는 오지 않지만 흐린 가운데 아침 6시 산행을 시작한다. 피재~댓재 구간은 매봉산과 두타산 사이에서 구부린 듯 능선을 낮추며 거의 일직선으로 곧게 뻗어 있는 것이 특징이다. 이 구간은 육산으로 난이도가 쉬운 코스지만 전체적으로 길어서 어찌 보면 그리 쉬운 코스가 아니다.

곳곳에서 목격되는 설해목 지대

　건의령 초입에서 조금 지나자 우측 아래로 족히 반경 100m의 소나무가 폭탄에 맞은 듯 처참하게 말라 죽어 있다. 이러한 광경은 덕항산에 이르기까지 두세 차례 더 목격하는데 겨울철 폭설이 내린 상태에서 바람이 불어 소나무 윗동이 통째로 꺾인 이른바 설해목雪害木 지대다. 지난 황장산 구간에서도 눈으로 인해 소나무가 뿌리채 뽑힌 것을 본 적은 있지만 단지 몇 군데 뿐이었는데 이렇게 집단적으로 피해 입은 것은 처음 본다.

문득 법정스님의 수필집『무소유』에서 '설해목' 부분이 떠오른다.

"모진 비바람에도 끄떡 않던 아름드리나무들이, 꿋꿋하게 고집스럽기만 하던 그 소나무들이 눈이 내려 덮이면 꺾이게 된다. 가지 끝에 사뿐사뿐 내려 쌓이는 그 하얀 눈에 꺾이고 마는 것이다.

깊은 밤, 이 골짝 더 골짝에서 나무 꺾이는 메아리가 들려올 때 우리들은 잠을 이룰 수 없다. 정정한 나무들이 부드러운 것에 넘어지는 그 의미 때문일까? 산은 한겨울이 지나면 앓고 난 얼굴처럼 수척하다."

지금은 주위 숲이 우거져 그나마 덜 참혹하게 보이지만 봄철 나뭇잎이 막 돋을 무렵 설해목 지대를 보면 정말 앓고 난 얼굴처럼 수척하게 보일 것 같아 안타깝다.

설해목 지대를 뒤로하고 시멘트 길과 넓은 임도, 그리고 소롯 길을 따라 오르막과 내리막을 계속하니 삼수령 3.5km, 건의령 3km라는 이정표가 나온다. 양옆에는 둥굴레 천국이다. 범종 모양의 하얀 둥글레꽃은 지고 잎사귀가 무성하다. 둥글레차는 줄기가 누렇게 되는 10~11월에 뿌리를 파내 손질하여 약 10~15분 정도 찐 후에 햇볕에 말리고 프라이팬에 적당히 볶아 보관하여 필요할 때마다 끓여 먹는다. 자양강장에 좋다고 한다.

좌측 숲 사이로 35번 도로 옆 태백공원묘지가 보이고, 때론 구부러지고 때론 비스듬히 누운 숲길이 계속 이어진다. 대간 길은 고도를 낮추어 동네 뒷산 같은 곳도 지나 마치 상주의 중화지구를 연상케 한다.

오전 7시 50분, 건의령巾衣嶺, 887m이다. 이정표에는 피재 6.0km, 구부시령 6.8km로 나와 있다. 이어 잣나무 숲과 참나무 숲을 지나 푯대봉에 도착한다. 해발 1,009.9m인 푯대봉에는 태백시 한마음산악회에서 세워놓은 정상석이 있다.

푯대봉을 지나 숲길을 한동안 걷자 코팅해 나무에 붙여놓은 951m봉 안내 표시가 나오고 이어 건의령한의령 3.0km, 구부시령 3.8km라는 이정표를 지나 고랭지 채소밭 옆길을 통과한다. 역시 코팅해 붙여놓은 1,012m 봉과 거송과 사슴머리를 닮은 나무를 지나니 부산낙동산악회에서 표시해 놓은 1,055m 봉에 도착한다.

이곳을 조금 지나니 구부시령 0.3km, 건의령 6.5km라는 이정표가 있고, 이곳에서 분홍빛 새며느리밥풀꽃이 군락지를 이르는 내리막 로프 구간을 지나 오전 11시 20분 구부시령九夫侍嶺에 도착한다. 건의령

에서 구부시령까지 해발 940m에서 1,060m에 이르는 봉우리 예닐곱 개를 오르내리며 6.8km 거리를 2시간 30분에 걸쳐 산행하였다.

구부시령에 얽힌 기구한 여인의 전설

구부시령은 태백 하사미의 외나무골에서 삼척 도계읍 한내리로 넘어가는 고개인데 좀 안타까운 전설이 있다. 동쪽 한내리에 기구한 팔자를 가진 여인이 살았다고 한다. 서방만 얻으면 죽고 또 죽어 무려 아홉 명의 서방을 얻었는데 아홉 남편을 모시고 산 전설에서 이 고개를 구부시령이라 했다는 것이다.

이곳에서 덕항산까지는 1.1km로 가파른 오름길을 올라와 오전 11시 45분, 덕항산德項山, 1,070.7m 정상에 도착한다. 덕항산은 화전민들의 팍팍한 삶에 그나마 도움을 준 덕에 붙여진 이름으로, 이 산을 넘어가면 농사라도 지을 수 있는 평평한 땅이 있어 덕을 많이 보았다 하여 '덕메기산'으로 부르던 것을 한자어로 표기하면서 현재의 이름이 되었다고 한다. 이렇듯 이름에서도 알 수 있듯이 산 능선의 서쪽 방향은 완만한 구릉이라 고랭지 채소단지도 심심치 않게 볼 수 있다.

그에 비해 동남쪽은 하늘로 우뚝 솟은 촛대봉 등 깎아놓은 듯 반듯한 암석과 거대한 암벽들이 수려한 산세를 이루고 있으며, 계곡을 따라 동쪽으로 약 12km 길이의 무릉천이 흘러 오십천에 합류한다. 또한 북사면 산중턱에는 아직도 그 깊이를 알 수 없는 동양 최대의 석회암

동굴인 환선굴천연기념물 제178호이 있다.

평소 같으면 이 일대 풍광이 시원하게 조망되는데 오늘은 경관이 없다. 덕항산에서 환선봉까지 1.4km 구간은 대표적인 동고저서東高西低 지형으로 짜릿한 절벽 위를 지나는 오르내림의 연속이다. 낮 12시 25분, 환선봉幻仙峯, 1,085m에 도착한다. 덕항산보다 10여m 높은 환선봉은 일명 '지각산'이라고도 하나 고랭지 채소 집산지로 유명한 삼척시 하장면에 있는 일명 '찌걱산'인 지각산890m과 같은 이름을 사용하기에 '환선봉'이라 불리기도 한다.

환선봉에서 로프 구간과 나무계단, 그리고 잣나무 숲을 번갈아 내려오면 헬기장을 지나 자암재 갈림길에 도착한다. 여기서 큰재까지는 3.4km, 환선굴까지는 1.7km인데 급경사 내리막이다.

자암재에서 큰재 방향으로 조금 직진하면 좌측에 대규모 고랭지 채소밭이 있고 그 자락에 마을이 자리 잡고 있는데 귀네미 마을이다. 이 마을은 1988년 삼척시 하장동 광동댐 건설로 발생한 수몰지구 주민들이 이주하면서 조성됐다고 한다.

고랭지 채소밭 능선 위로 풍력발전기 7~8기가 서 있다. 오후부터 날씨는 흐린 가운데 구간에 따라 조금씩 비를 뿌린다. 대간 길은 고랭지 채소밭 시멘트 길로 한동안 이어지다 시멘트 길을 버리고 우측 산길로 이어진다. 이곳 이정표에서 댓재·황장산·큰재 방향으로 진행하면 다시 시멘트 길과 만나는데 이 길을 조금 지나다 우측 풍력발전기 방향으로 진행해야 한다.

이어 임도와 차단기를 넘어 진행하면 큰재와 만나고 우측에 황장산 4.4km, 댓재 5.0km 이정표가 있다. 여기에서 1,062m 봉을 지나 약 50여 분 오르내리면 1,059m 봉 바로 직전에 황장산 2.8km, 큰재 1.6km, 준경묘 4.8km라는 이정표가 나온다.

준경묘濬慶墓는 강원도 삼척시 미로면 활기리에 있는 조선 태조의 5대조 목조穆祖의 부모 묘로, 전주이씨 실묘로는 남한에서 가장 오래된 시조묘다. 목조가 한 도승의 예언대로 백우금관百牛金棺에 부모를 안장한 이후 5대 후손인 이성계에 이르러 조선을 창업하게 되었다는 전설이

전해진다. 1981년 8월 5일 강원도기념물 제43호로 지정되었고, 2012년 7월 12일 사적 제524호로 승격되었다. 묘소 일대는 울창한 송림이 원시림 상태로 우거져 있다.

 1,059m 봉과 1,011m 봉, 그리고 1,015m 봉을 지나 오후 4시 40분, 황장산$_{975m}$에 도착한다. 이어 가파른 내리막을 하산하여 댓재에 도착한다.

 오늘 마루금 등로는 여느 곳보다 잘 정리되어 있고, 특히 구간마다 마루금 표시가 잘되어 있어 좋았다. 다만 아쉬움이 있다면 종일 날씨가 흐린데다 가끔씩 비가 내려 경관이 거의 없었다는 점이다.

29 대간 길 중 '최장 구간' 가뿐하게 넘다

제29구간 댓재~햇댓등~통골재~두타산~박달령~청옥산~연칠성령~
고적대~갈미봉~이기령~상월산~원방재~백복령

산행 날짜 2014. 8. 7(목)
산행 거리 28.66km
산행 시간 13시간 30분(06:10~19:40)

아침 6시 10분, 가늘게 내리는 비와 안개 속에서 해발 810m인 댓재를 출발해 햇댓등으로 향한다. 댓재는 강원도 삼척시 미로면 상사전리에 위치한 고개로, 두타산으로부터 10km쯤 남쪽의 산줄기에 있다. '대동여지도'에는 죽령竹嶺이라 표기되어 있으며, 『진주지』에 '죽치竹峙는 삼척군 서쪽 60리에 있으며, 아흔아홉 구비를 돌아 서쪽의 하장면으로 통한다'라고 기록되어 있다.

산신각을 지나 완만한 오름길을 20여 분 오르니 햇댓등이다. 햇댓등 이정표는 두타산까지 5.2km라고 나와 있다. 조그만 정상석과 이정표를 뒤로하고 본격적으로 두타산을 향한다. 오늘 코스는 전반적으로 어려운 구간인데다 거리가 길어 마음이 조급해진다. 하지만 안전산행이 최고라는 생각으로 두타산의 정기를

받으며 한 발짝 한 발짝 조심스레 발을 뗀다.

등산로 양쪽으로는 흰떡가루로 빚어놓은 듯한 여름 야생화 참조팝이 군데군데 피어 있어 자태를 뽐낸다. 아침 7시 50분, 통골재 이정표에는 두타산까지 2.2km로 나와 있다.

마치 도를 닦는 마음으로 '두타산' 올라

두타산으로 향하는 참나무 숲길은 좀 가파른 오르막인데다 연이은  비로 인해 지반이 약해져 있지만 그런대로 걸을 만하다. 다행히 동해에서 불어오는 시원한 바람이 무더위를 잊게 해준다. 흔히 작은 두타라고 일컫는 1,242m 봉을 지나고 계속된 오르막 전망대에서 지나온 능선을 되돌아봤지만 운무로 조망은 없다. 이어 이정표와 정상석과 이름 모를 묘 1기가 있는 두타산頭陀山, 1,357m 정상에 도착한다. 시간을 보니 오전 9시 5분으로 댓재를 출발

한 지 거의 3시간 만에 도착한 셈이다.

두타頭陀는 범어梵語 dhuta의 음역으로 '속세의 번뇌를 버리고 불도를 닦는다'는 뜻이라고 한다. 따라서 이 산을 오르는 발걸음 하나하나 마음 하나하나가 바로 두타행頭陀行이라고 할 수 있을 것이다.

두타산은 골세骨勢가 미려하면서도 돌올한 기상을 보여 예로부터 이름이 자자한 산이다. 동해와 삼척 경계에 위치하며 동해시 삼화동에서 서남쪽으로 약 10.2km 떨어져 있다. 북쪽으로 무릉계곡, 동쪽으로 고천계곡, 남쪽으로는 태백산군, 서쪽으로는 중봉산 12당골이 있다. 4km 떨어져 있는 청옥산을 포함하여 두타산이라 부르기도 한다.

조선 중기 삼척부사를 지낸 김효원은 『두타산일기頭陀山日記』에서 '천하에 산수가 빼어난 우리나라에서도 이름난 고을은 영동만한 데가 없으며, 영동의 산수 중 최고는 금강산이고 다음이 두타산이다'고 기록하였다.

이제 박달령을 향한다. 두타산에서 청옥산까지는 3.7km이고, 이 두 산을 잇는 의가등衣架嶝의 중간 지점에 박달령이 있다. 의가등이란 명칭은 두 산을 잇는 능선이 마치 옷걸이 모양을 한 데서 연유한다.

청옥산에서 박달재 가는 초입은 심한 내리막이다. 그치려는지 갈참나무 잎사귀에 떨어지는 빗줄기의 강도가 차츰 약해진다. 희뿌연 운무로 우측 동해 쪽 시야는 거의 제로 상태다. 의가등에서 무릉계곡과 동해, 그리고 청옥산과 고적대의 절경을 볼 수 없어 안타깝다.

오전 9시 50분, 도착한 박달령 이정표에는 두타산 2.3km, 청옥산 1.4km, 무릉계곡 관리사무소 5.6km로 나와 있다.

문바위재를 지나 가파른 오름길은 청옥산까지 이어진다. 무릉계곡 갈림길인 학등을 힘겹게 지나 10시 50분, 청옥산 1,404m 정상에 도착한다. 이즈음 비는 그친다. 하늘은 비를 뿌려 청옥을 목욕시켜 놓았다가 싱그러운 모습으로 나를 맞이하려는 듯하다.

의가등을 지나 청옥산으로

청옥산은 북으로는 고적대, 동으로는 두타산과 연결되어 있는 해동 3봉 중 하나로 예로부터 보석에 버금가는 청옥이 발견되고 약초가 많이 자생하여 청옥산이라 불렸다고 안내판은 적고 있다. 정상 한쪽에 통신탑이 위치해 있어 경관은 좋지 않다.

청옥산에서 잠시 휴식을 취한 후 연칠성령蓮七星嶺을 거쳐 고적대로 향한다. 비가 그치면서 차츰 조망도 좋아진다. 나뭇잎 사이로 북쪽 기암괴석의 고적대가 언뜻언뜻 보인다. 고적대에서 흘러내린 산자락엔 한 줄기 운무가 얇게 걸쳐 있다. 하지만 비온 뒤라 내리막길이 미끄러워 신경이 곤두선다.

연칠성령으로 향하는 숲은 맑고 빗방울을 머금은 야생화와 그 잎사귀는 더욱 희고 푸르다. 청옥산을 지난 지 30분 만에 연칠성령에 도착한다. 연칠성령 돌탑은 크지도 작지도 않아 경건함보다는 정겨움이 묻어난다. 돌탑 옆 안내판에는 이렇게 적고 있다.

'예로부터 삼척시 하장면과 동해시 삼화동을 오가는 곳으로 산세가 험준하여 난출령難出嶺이라 하는데 인조 원년 명재상 택당 이식李植이 중봉산 단교암에 은퇴하였을 때 이곳에 올라 서울을 사모하여 망경望京한 곳이라 전해진다.'

이정표에는 고적대 1.0km, 무릉계곡 관리사무소까지 6.7km로 나와 있다. 2차 대간 시에는 오늘 구간을 2회에 걸쳐 끊는 바람에 무릉계곡으로 연속 하산한 적이 있다. 하산길은 전형적인 동고저서의 가파른 내리막인데다 암릉 구간이 많아 쉽지 않다. 하산 지점에 조선 전기 4대 서예가로 알려진 봉래 양사언蓬萊 楊士彦, 1517~1584이 무릉반석 위에 썼다는 '무릉선원 중대천석 두타동천武陵仙源 中臺泉石 頭陀洞天'이란 글귀가 기억에 남는다.

연칠성령에서 고적대까지 약 1km 구간은 암릉 구간과 로프 구간으로 가파른 된비알이다. 댓재에서 햇댓등 깔딱에 이어 고적대 깔딱은 오늘 산행의 묘미를 더한다. 마침내 11시 55분, 해발 1,353.9m인 고적대高積臺 정상에 도착한다.

고적대 정상에서 본 사방 경관은 형언하기 힘들 정도로 황홀하다. 두타산과 청옥산 자락으로는 조각조각 흰 구름들이 마치 하늘에서 내려온 학처럼 산등성이를 휘감으며 여유롭게 날아다닌다. 전방으로는

진행해야 할 갈미봉 능선이 선명하게 보인다. 며칠 동안 비가 내리고 날씨가 흐려 이렇다 할 조망을 하지 못했는데 오늘 고적대 조망을 통해 그동안의 안타까움이 모두 사라지는 듯하다.

고적대에서 바라본 경관, 황홀지경,
그동안 비로 인해 조망 못한 아쉬움 사라져

고적대는 고적산高積山이라고도 불리는데 안내판에 고적대는 동해시, 삼척시, 정선군의 분수령으로 기암절벽이 대를 이루어 신라 고승 의상대사가 수행하였다고 적고 있다. 또한 동쪽으로 뻗은 청옥산과 두타산이 어울려 해동삼봉으로 불린다고 한다.

고적대에서 이기령으로 가는 길은 오르막과 내리막의 연속이다. 진행 중에 오른쪽으로 기암도 보이고, 내리막 등산로 곳곳에는 분홍빛 잔대 등 야생화가 활짝 피어 있다. 이어 도착한 고적대 삼거리에는 청옥산 3.5km, 무릉계곡 관리사무소 6.5km로 나와 있다.

이곳에서 더 진행하여 1시 30분, 해발 1,260m 갈미봉에 도착한다. 갈미봉에서 이기령 대간 길은 오른쪽으로 좌측 11시 방향 괘병산으로 표시되어 있다. 이기령으로 가는 하산길에 너덜 지대를 여러 번 지난다. 대부분 돌의 크기가 작은 너덜이나 오전 내린 비로 물기를 아직 머

금고 있어 미끄러움에 조심한다. 이어 자작나무 군락지를 통과하는데 녹음 사이의 흰 자작나무가 더욱 희게 보여 상쾌한 느낌이다.

잘 조성된 돌길과 쉼터를 지나 오후 3시 20분, 이기령에 도착한다. 이기령에서 잠시 휴식을 취하며 오늘 진행한 길을 반추해 본다.

이곳 이정표에 의하면 백복령까지는 10km다. 지금까지 진행해 온 거리가 약 18km니 거의 2/3를 지나온 셈이다. 앞으로 상월산, 1,022m 봉, 970m 봉 등 많은 봉우리들을 오르내리겠지만 조금 더 힘을 내자고 다짐하며 상월산으로 향한다.

이기령에서 970m 봉 헬기장까지는 산허리를 감고 돌기도 하며 원만하게 진행하다 마지막은 가파른 오름길이다. 여기에서 헬기장을 가로질러 조금 더 진행하면 상월산 정상이다. 이곳에 수많은 대간리본과 부산 낙동산악회에서 매어놓은 해발 970.3m 상월산 플래카드가 있다. 정상 벤치에서 건너편 산줄기들이 힘차고 선명하게 보인다.

상월산에서 원방재까지는 내리막의 연속이다. 정상에서 능선길 따

라 완만하게 내려오다 오른쪽 절벽 끝으로 멋진 기암이 조망된다. 상월산에서 원방재까지는 약 30여 분 내리막길이다.

이제 원방재에서 백복령을 향해 전진한다. 원방재에서 왼쪽으로 임도가 보이고 대간 길은 가로질러 작은 봉우리 몇 개를 오르내리며 1,022m 봉으로 올라야 한다. 원방재에서 1,022m 봉까지는 약 1시간 거리이다.

이곳을 지나 산죽이 키 높이까지 자란 내리막길을 거쳐 오르막을 한참 올라서 987.2m 봉에 닿는다. 대간 길은 869m 봉, 863m 봉, 832m 봉으로 차츰 몸을 낮추더니 이어 철탑이 나타난다. 이곳에서 백복령까지는 5분 정도의 거리인데 왼쪽으로 잠시 내려서니 전방에 도로가 보이면서 백복령에 도착한다.

강원도 강릉시 옥계면과 정선군 임계면 사이에 위치한 백복령白茯嶺은 사료마다 한자가 달리 쓰여 있는 것이 특이하다. 어떤 사료에는 白卜嶺으로, 또 다른 사료들에는 百福嶺, 百腹嶺, 白伏嶺으로 표기되어 있으며 '대동여지도'에는 白福嶺으로 되어 있다고 한다.

지금 이름인 백복령은 옛날 이곳에서 베어낸 지 여러 해 지난 소나무에서 기생하여 지름 30~50cm 혹처럼 크게 자라 한약재로 쓰이는 복령茯笭 가운데 흰색깔의 백복白茯이 많이 나는 데서 유래했다는 설이 있다.

30 카르스트 지형 위를 지나는 '부드럽고 편안한 길'

제30구간 백복령~768m 봉~생계령~고병이재~석병산~두리봉~삽당령

산행 날짜 2014. 8. 8(금)
산행 거리 18.31km
산행 시간 8시간 5분(07:30~15:35)

흐린 날씨에 오전 11시까지 비가 내렸으나 오후 3시경 비가 그치고 날씨도 개었다. 어제 댓재~백봉령까지 28km의 긴 구간을 마쳐서인지 마음이 차분하고 편하다. 또한 하루하루 목표점으로 다가가니 새롭게 힘이 난다. 오늘 산행의 유일한 걱정거리라면 그동안 무리한 탓이겠지만 오른쪽 발목이 조금씩 부어오르면서 통증이 점점 커지고 있다는 것이다.

이러한 상황에서 안전산행을 다짐하며 아침 7시 30분, 백복령을 출발한다. 백복령에서 완만한 소나무 숲 임도를 10여 분 지나니 다시 도로가 나온다. 아마 백두대간 옆 자락인 자병산을 송두리째 망가뜨리고 있는 석회석 채취 차량이 왕래하는 도로 같다. 이 도로를 가로질러 야생화 꽃향기 숲 내음을 맡으며 송전탑을 지나고 참나무와 소나무 우거진 부드러운 흙길로 들어선다.

구절초 군락을 지나 조금 더 진행하니 카르스트 지형에 대한 안내판이 있다. 안내판에는 '고생대의 조선계 지층에 분포하는 석회암의 주성분인 탄산칼슘이 빗물과 지하수(이산화탄소를 함유한 물)의 작용으로 화학적

변화를 일으켜 물에 용해됨용식에 따라 암석이나 지층이 침식되는 일종의 화학적 풍화작용이다. 카르스트 지형의 가장 특징적인 것은 지하에 하천이 흐르고 있다는 점이며, 때때로 대규모의 석회암 동굴과 표면에 돌리네라고 불리는 원형의 와지움푹 패어 웅덩이가 된 땅가 형성된다는 것이다. 강원도의 삼척, 정선, 영월과 충북 단양 등지에 발달되어 있다'고 적혀 있다.

석회석 채취로 신음하는 자병산, 살을 도려내는 듯한 아픔 느껴져

안내판을 지나 여전히 부드럽고 편안한 길이 이어진다. 우측으로 석회석 채취로 신음하는 해발 872m 자병산이 빗속에서 흐릿하게 조망된다. 대간 주 능선에서 조금 벗어나긴 했지만 온통 잘려나가 통째로 사라질 위기에 있는 자병산을 보니 추풍령 남산이 생각난다. 신음하는 두 산의 모습에서 살이 도려내는 듯한 깊은 아픔이 느껴진다.

씁쓸한 마음으로 오전 10시 5분, 생계령에 도착한다. 이정표에는 백봉령 5.4km, 헬기장 5.5km로 나와 있다. 백복령에서 편한 숲길을 걸어 2시간 30여 분 만에 도착한 것이다. 생계령에서는 강릉 옥계 방향 또는 정선 직원리 방향으로 내려갈 수 있다.

생계령에서 석병산 방향으로 진행하니 '자주쓴풀' 군락지가 군데

군데 나타난다. 자주쓴풀은 우리나라 산과 들에서 자라는 2년생 식물로 생육환경은 양지 혹은 반그늘의 풀숲에서 자란다. 자주색 꽃은 별 모양으로 9~10월에 개화한다.

이어 강릉서대굴江陵西臺窟 안내판을 만난다. 강원도 강릉시 옥계면 산계리에 있는 석회동굴인 서대굴은 복합형의 수직 동굴로 곳곳에 발달되고 있는 종유석, 석순, 종유관을 비롯한 퇴적물이 많이 발달해 있다고 한다. 길이는 1,600m로 강원도 기념물 제36호로 지정되어 있다. 그러나 굴의 위치와 이곳 안내판과 무슨 관계가 있는지 궁금하다. 이왕 안내판을 만들었으면 이곳에서 얼마 떨어져 있다든지 하는 좀 더 상세한 내용을 담아야 하지 않을까 싶다.

또다시 자주쓴풀 군락지를 지나 하늘을 향해 쭉쭉 뻗은 소나무 군락지를 지난다. 매끈하고 늘씬하게 하늘로 치솟은 품이 마치 금강산 관광 시 만물상 가는 입구에서 보았던 미인송을 닮았다.

이어 대간 길을 호령하는 수백 년 된 듯한 거송을 만난다. 거송에서 스킨십을 통해 기를 얻은 후, 922m 봉을 향해 참나무 숲 된비알을 잠시 오른다. 922m 봉은 지나야 할 대간 능선이 잘 조망되는 곳인데 오늘은 비가 내리고 안개가 끼어 조망이 좋지 않다.

고병이재 가는 길에는 복수초가 군락을 이루고 있다. 봄이면 노랗게 지천으로 필 복수초의 모습을 상상해 본다. 경도 위도 표시판과 삼각점, 그리고 백두대간 설명 안내판을 지나 고병이재에 도착한다. 고병이재는 오늘 대간 구간의 절반 정도에 위치한 고개인데 강원도 사투리로는 '무릎'을 뜻한다고 한다. 이곳에 왜 그런 이름이 붙여졌는지 궁금하다.

거대한 바위 조각품 '석병산 일월문'

고병이재를 10여 분 지나 헬기장에 도착하고, 산죽지대를 따라 석병산으로 향한다. 우측으로는 얼레빗처럼 잎사귀가 듬성듬성 갈라진 '꿩고비' 군락을 만난다. 고사리와 같은 종류로 뿌리줄기 끝에서 여러 장의 잎이 자라난다.

이어 백두대간 수목원 갈림길이고, 여기서 조금 더 진행하니 석병산 갈림길이다. 이정표에는 일월봉으로 적혀 있는데 이곳 삼거리에서 석병산 정상까지는 약 5분 정도 거리다.

『강릉시사江陵市史』에 의하면, 강원도 정선군 임계면과 강원도 강릉시 옥계면에 위치한 석병산은 석병산을 위시하여 가까운 두리봉에 이르기까지 산

전체가 암석으로 덮여 있고 석각의 모습이 병풍을 두른 것처럼 보인다 하여 그렇게 이름 붙여졌다고 한다. 산 정상에서 동쪽으로 내려가면 절골, 황지미골을 만날 수 있다.

석병산의 백미는 뭐니 뭐니 해도 일월문이다. 일월봉 아래 일월문이 백두대간 마루금을 품고 있다. 거대한 암벽 사이로 구멍이 뻥 뚫린 일월문을 통해 보는 절경은 보는 이들의 감탄을 자아낸다. 단풍이 깊게 물드는 만추에 일월문을 통해 보는 가을 산의 모습이 참으로 아름다울 듯싶다.

낮 12시 45분 도착한 석병산石屛山, 1,052.5m 정상은 안개로 자욱하다. 하지만 석림石林 사이에 뿌리를 내린 회양목의 모습은 안개로 인해 더욱 신비스러움을 자아내며 한 폭의 수묵화를 연상시킨다. 석병산 정상의 아름다움을 가슴 깊숙이 담아두고 다시 갈림길로 돌아온다. 이어 석병산 0.7km, 백두대간 수목원 7km라는 이정표를 지난다.

참나무 숲을 걸어 오후 1시 55분, 두리봉1,033m에 도착한다. 두리봉 정상은 별다른 특징은 없지만 원시림이 울창하다. 평편하고 널찍한 공터에 벤취와 평상이 여러 개 놓여 있어 쉬어가기에 알맞다.

이어 그 어떤 산책길보다 더 편안하고 시원하고 호젓한 길을 걷는다. 비는 그치고 안개가 자욱하여 심산의 대간 길은

가히 몽환적이다. 두리봉을 지나면 온통 산죽 군락이다. 산죽 우거진 길을 걸으니 어느덧 삽당령이 얼마 남지 않았다. 삽당령 2.2km, 두리봉 2.4km, 석병산 4.0km 이정표를 만난다.

후배 정용권의 따스한 환대

삼각점을 지나 외고단 갈림길에서 삽당령 방향으로 진행하여 헬기장왕산 38호을 지난다. 산죽과 참나무 숲을 내려서니 임도가 나오고, 임도를 따라 조금 가다가 좌측 산길로 접어들면 삽당령이 나온다. 오른쪽 발목의 통증으로 고생은 좀 했지만 여유롭고 무난하게 백복령~삽당령 구간의 종주를 마친다.

오후 3시 55분, 삽당령에 도착하니 조동식과 후배 정용권이 나를 기다리고 있다. 아웃도어 전문회사에 근무하며, 강릉 신축 사옥의 총책임자로 있는 정용권은 조선일보 기자 시절, 북극은 물론 수차례에 걸쳐 히말라야 산들을 접한 산악인이다. 2004년에는 엄홍길 대장과 같이 히말라야 8,000m 이상 16좌 중 15좌의 얄룽캉8,505m 원정에도 참가하여 이때 지원조로 간 나와 등정 성공의 기쁨을 함께 누린 바 있다. 또한 그는 이미 백두대간 일시종주57 일간를 1999년도에 마친바 있으며, 이번 나의 일시종

주에도 많은 조언을 해주었다.

　나와 조동식을 픽업하여 그가 무조건 데리고 간 곳은 그의 아파트로, 와인과 소주 그리고 삼겹살을 비롯한 산해진미를 내놓았다. 잠자리도 과분하게 안방을 내주어 '내가 대간 일시종주를 하면서 이런 호사를 누려도 되는가?' 하는 의문을 갖게 할 정도였다.

31. 산이 거기에 있기에 오른다

제31구간 삽당령~독바위봉~석두봉~화란봉~닭목령~
고루포기산~능경봉~대관령령

산행 날짜 2014. 8. 9(토)
산행 거리 27.50km
산행 시간 12시간 10분(06:25~18:35)

"왜 산에 오르는가?"

영국인으로 에베레스트에 세 번째 도전한 조지 맬로리George Mallory, 1886~1924는 1923년 미국 필라델피아에서 개최된 강연을 마친 후 한 여인으로부터 다소 엉뚱한 질문을 받는다.

예상 밖의 질문을 받고 막막함과 당황함을 느낀 그는 자신도 모르게 이렇게 답한다.

"산이 거기에 있기에 오른다!Because it is there!"

우문愚問에 대한 우답愚答인데, 오늘날 현답賢答이 되고 말았다. 모든 산악인들이 산에 오르는 이유가 된 것이다. 나 또한 이번 대간 일시종주를 시작하면서 지인들로부터 비슷한 질문을 받았다.

"왜 대간을 하느냐?"

그 물음에 그냥 웃고 말았지만 앞으로는 이렇게 말하고 싶다.

"백두대간이 거기에 있어서."

오늘 구간은 삽당령~석두봉~고루포기산~대관령까지 27.50km 구간이다. 구간이 조금 길어 힘들 것으로 예상되지만 오늘은 대관령에 외대산악회 OB와 YB들이 나를 지원하기 위해 오는 날이라 힘이 솟는다. 외대산악회 OB와 YB들을 능경봉쯤에서 조우하여 대관령까지 함께 산행한 후 숙식을 하기로 했다. 이들에게 당당한 나의 모습을 보여주자는 각오로 아침 6시 25분, 삽당령을 출발해 석두봉을 향한다.

삽당령揷唐嶺은 강릉시 왕산면 송현리와 묵계리를 잇는 고개로 강릉과 정선을 잇는 35번 도로가 지난다. 고개의 생김새가 마치 삼지창처럼 세 가닥으로 생겨 붙여진 이름이라 한다.

등산로는 비산비야의 자드락길처럼 임도와 키 재기를 하는 듯 야트막하게 이어진다. 그러나 그곳이 고산지대라는 것을 증명하듯이 숲은 야산의 그것과는 비교가 안 될 정도의 늠름한 기세로 하늘을 향해 뻗어 있다.

짙은 안개와 이슬비 속에 독바위봉과 화란봉에 오르다

짙은 안개 속에 이슬비가 가끔씩 흩날려 숲속은 습한 기운으로 가득하다. 대간 길은 20여 분 야트막한 산길로 이어지다가 널따란 임도와 만난다. 임도를 따라 100여m 진행 후 다시 좌측 대간 길로 접어든다. 이곳에 삽당령 1.3km, 닭목령 13.2km 이정표가 있다.

완만한 오르막을 계속 오르니 쉼터가 있고 이정표에는 삽당령 1.7km, 닭목령 12.8km로 나와 있다. 이곳에서 좌회전하여 862m 봉으로 향한다. 숲은 깊고 푸르러 그야말로 '숲의 바다'를 연상케 한다. 게다가 육산이어서 등산하기에는 최상이다. 862m 봉을 앞두고 길은 고도를 높여가지만 걸을 만하다. 862m 봉을 지나 계속 조그만 내림과 오르막을 반복하니 너비 5~6m는 됨직한 잡풀 지대가 나타난다. 화재가 났을 때 불길을 차단하는 방화선이다. 방화선 구간에는 하얀 까치수염 등 여름 야생화가 절정이다.

이어 삽당령 3.3km, 닭목령 11.2km의 이정표 지점, 사랑나무 소나무가 서 있는 구간을 지난다. 다시 방화벽 지대를 끼고 계속 오르니 독바위봉 978.8m이다. 시계는 8시 20분을 가리키고 있다. 독바위봉에는 누울 수 있는 나무 안락의자 2개가 마련되어 있다. 배낭을 풀고 벤치에 누워 잠시 쉬었다 가고 싶지만 오늘 구간이 길어 그냥 지나친다.

독바위봉에서 5분 정도 진행했을까? 길은 내리막으로 이어지고 건너편에 우뚝 솟은 봉우리가 보인다. 오늘 산행의 첫 난코스 석두봉이다. 석두봉 오르는 길은 나무계단으로 이어져 있다. 1차 대간종주 시에는 나무계단이 설치되지 않아 상당한 어려움을 겪었던 것으로 기억된다.

8시 50분, 계단이 설치된 덕분에 그리 어렵지 않게 석두봉$_{982m}$에 도착한다. 대여섯 평 남짓의 석두봉 정상에 서면 서북 방향으로 저 멀리 능경봉, 선자령의 산마루가 아스라이 펼쳐져 있고, 대자연 녹색의 캔버스 위에 하얀 풍력발전기들이 꽃처럼 피어 있다. 그러나 오늘은 사방의 경관이 없다.

화란봉을 향해 서서히 시동을 건다. 해발 900여m 이상을 오르내리며 길은 비단길이다. 등산로 양쪽은 널따랗게 잘 정리되어 있다. 등산로 쪽으로 삐져나온 나무도 베고, 일정한 넓이까지 산죽을 베어놓았다. 알고 보니 강릉국유림관리소가 지난해까지 2억 5천만 원을 들여 쾌적하고 안전한 등산로 조성을 위해 힘쓴 덕분이라고 한다. 석두봉 오르는 데크와 독바위봉의 나무 의자 등도 이런 차원에서 설치했다고 하니 참 잘한 일이라는 생각이 든다.

길이 좋으니 호젓하고 느긋하다. 잠시 산행 방식에 대해 생각해 본다. 어떤 사람들은 주위의 풍광을 만끽하며 소걸음 걷듯 걸어가는 우보牛步 산행을 선호하는가 하면, 또 어떤 사람들은 자신과 싸우며 정해진 시간 안에 돌파하는 스피드 산행을 선호하기도 한다. 산행거리를 짧게 하면서도 구간마다 쉬어가는 단거리 산행을 선호하는 이가 있는가 하면 거리를 길게 잡아 한두 번만 쉬고 주파하는 장거리 산행을 선호하는 이들도 있다.

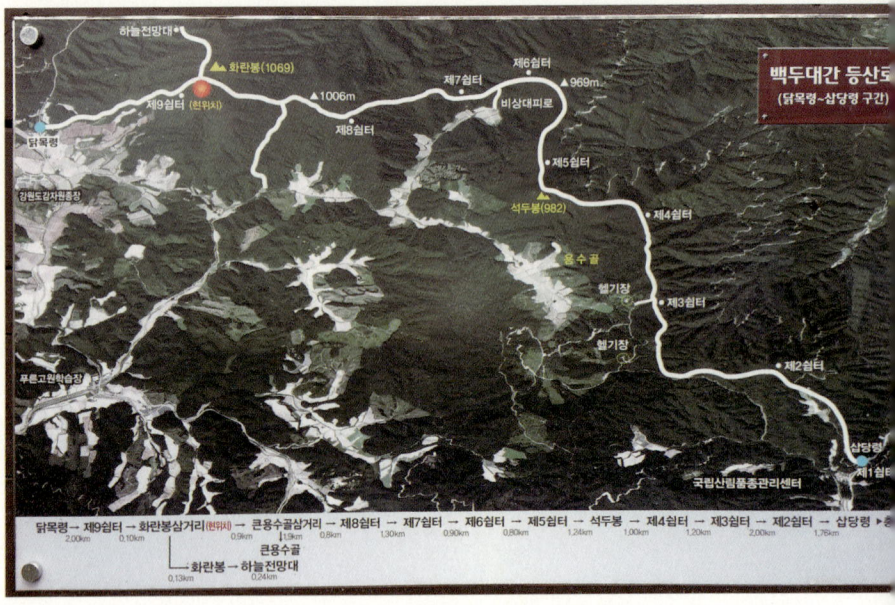

또 혼자 호젓하게 걷는 나 홀로 산행을 좋아하는 이들이 있는가 하면, 동료들과 어울러 왁자지껄하게 산행하는 사람들도 있다. 내 생각에는 이렇게 다양한 산행 방식에서 무엇이 좋고 나쁜지 가를 수 없을 것 같다. 다만 어떤 방식이든 남에게 피해를 주지 않는 범위 내에서 자기 체력에 맞게 스타일에 맞게 산행한다면 그것이야말로 최선의 산행이 아닌가 싶다.

이런저런 생각을 하면서 걷다 보니 어느새 화란봉 초입이다. 서서히 고도를 높이며 가파른 비탈길을 오른다. 비탈길에 닭의장풀이 보인다. 화란봉은 주능선에서 200여m 우측으로 비켜나 있다.

오전 11시 20분, 화란봉$_{1,069.1m}$에 도착하니 2차 대간 때까지는 정상석이 없었는데 최근 산림청에서 설치한 정상석이 있다. 안내판도 설치되어 있는데 '화란봉은 이름 그대로 부챗살처럼 펼쳐진 화관이 정

상을 중심으로 겹겹이 에워싼 형국이 마치 꽃잎 같다 해서 얻은 지명이다'라고 소개하고 있다.

화란봉에서 닭목령까지 2.1km 하산길은 거의 내리막 구간이다. 고도를 낮추어 가자 하얀 자작나무가 군데군데 보이고, 듬성듬성 금강송이 짙은 안개 속에서 신비스러움을 더한다. 군데군데 고목들은 쓰러져 거의 흙처럼 부스러져가고 있다. 흙이 되어가는 나무는 '우리 모두는 결국 흙에서 왔다가 흙으로 가는 것'임을 명징하게 말해 주고 있는 듯하다.

화란봉 정상에서 아래로 내려올수록 소나무들은 군락을 이루며 멋진 모습으로 산객의 탄성을 자아낸다. 매끈매끈하게 쭉쭉 하늘을 향해 치솟은 소나무에서는 범접하지 못할 서기瑞氣가 느껴진다. 옛 사람들은 예사롭지 않게 기품이 넘치는 소나무에게 '장군송'이라는 칭호를 붙여줬는데 이곳 소나무들을 보니 그 이유를 알 만하다.

닭목령을 지나 고루포기산으로

이런 소나무들을 보면서 12시 10분, 닭목령에 도착한다. 해발 706m의 닭목령은 강릉과 임계를 잇는 꽤 큰 고개로 2차선 포장도로가 지난다. 풍수가들은 이곳의 지세를 '금계포란형'의 길지로 보았는데, 이 부근이 닭의 목에 해당하기 때문에 닭목이라는 지명이 생겼다고 한다. 고갯마루엔 산신각이 세워져 있다.

닭목령에서 임도와 채소밭지대, 그리고 야트막한 산길로 계속하여 30여 분 오르면 맹덕목장 입구 비포장도로와 닿는다. 이곳에서 대간 길은 좌측 능선으로 이어지고, 우측 아래로는 한참 속이 영글어가는 고랭지 채소밭과 서너 채의 집이 보인다. 예전에 소와 염소를 키우던 맹덕목장이다.

이곳에서 동네 뒷산처럼 편안한 오르막을 따라 진행하면 잡풀 지대를 지나 좌우에는 금강송이 군락을 이루고 있다. 농장입구에서 진행하니 955.6m 봉 지나 제1왕산 쉼터에 도착한다. 이곳에서 고루포기산까지는 표

고 차 200여m의 오르막을 계속 치고 올라가야 한다.

한 걸음 한 걸음 천천히 오르는데 소나무 밑동에 시커멓게 타들어간 흔적이 자주 발견된다. 아마 꽤 오래전 이곳에 산불이 난 모양인데 화마火魔의 아픔을 견뎌내고 묵묵히 버티고 있는 낙락장송들의 모습에서

삶의 강인함과 의연함을 배운다.

이어 제2왕산 쉼터에 도착하니 고루포기산 1.3km라는 이정표가 반긴다. 오르막은 더욱 심해지고, 오르막 돌계단이 한동안 이어진다. 왕산제2쉼터에서 약 1시간에 걸쳐 오르막을 오르니 1,210m 봉이 나타나고, 이어 고루포기산까지는 10여 분 임도 같은 평탄길이 이어진다.

급기야 닭목령을 출발한 지 3시간 10분 만인 오후 3시 20분, 고루포기산에 도착한다. 고루포기산(1,238.3m)은 강원도 평창군 도암면 수하리와 강릉시 왕산면 고루포기 마을 사이에 있는 산인데 다복솔가지가 탐스럽고 소

복하게 많이 퍼진 어린 소나무이 많은 데서 유래했다 한다.

이제 능경봉을 향한다. 고루포기산에서 완만한 내리막을 1km 남짓 내려가면 나무 테크로 잘 조성된 전망대가 나온다. 날씨가 좋을 때는 북쪽 사면으로 선자령으로 이어지는 대간 능선과 코발트색 하늘 아래 펼쳐진 대관령 삼양목장, 그 사이사이 족히 40~50개가 넘는 거대한 풍력발전기의 모습이 한 폭의 그림처럼 펼쳐진다. 하지만 오늘은 그런 풍광을 살포시 떠올릴 뿐이다.

전망대에서 다음 구간인 샘터 갈림길까지는 1.6km지만 전망대 1km를 앞두고부터 가파른 내리막이다. 샘터 500여m를 앞두고 왼쪽에 연리지連理枝 나무라고 소개된 아름드리 활엽수가 서 있다. 같은 뿌리에서 나온 서로 다른 가지가 하나로 연결되어 있는 모습이다. 연리

지는 매우 희귀한 현상으로 부부애가 남다른 사이를 비유한다.

중국 당나라 때 시인 백낙천白樂天이 지은 '장한가長恨歌'에 '비익연리比翼連理'라는 말이 나온다. 비익조比翼鳥라는 새와 연리지라는 나무를 합친 말인데, 비익조는 전설 속의 새로 눈도 하나요 날개도 하나뿐이다. 그래서 암수 한 쌍이 한데 합쳐야만 양옆을 제대로 볼 수 있고 날 수 있다.

부부는 비록 다른 집안 다른 환경에서 나고 자랐지만 결혼해서 한 가정을 이루게 되면 연리지처럼 한 몸을 이루고, 비익조와 같이 서로 부족한 점을 채워준다는 의미에서, 비익연리는 금슬 좋은 부부를 일컫는 말이 되었다.

능경봉에서 나를 맞은 외대산악회 선후배
우리는 모두 '포레스트 검프'

샘터 갈림길에서 '행운의 돌탑'을 지나 철쭉나무 군락과 너덜 지대를 꾸준히 올라 오후 5시 55분, 능경봉陵京峰, 1,123.2m에 도착한다. 능경봉에는 외대산악회 OB와 YB 25명이 미리 올라와 나를 기다리고 있다. 이들로부터 과분하게 박수갈채를 받고 나니 지난 대간 길의 피로와 힘겨움이 한꺼번에 날아간 듯싶다. 귀한 주말 시간을 내 서울에서 한걸음에 달려와 주

는 게 어디 그리 쉬운 일인가? 외대산악회의 끈끈한 의리에 그만 눈물이 핑 돌려 한다.

"우리들의 포레스트 검프 외악의 자랑, 정은형 파이팅!"

이들은 이렇게 적힌 현수막을 가지고 왔지만 진짜 포레스트 검프는 내가 아닌, 나를 격려하고 성원하려는 모두가 포레스트 검프였다. 이들과 함께 기념사진을 찍고 대관령휴게소까지 함께 하산한다. 능경봉에서 대관령까지는 1.8km 구간이지만 어떻게 내려왔는지 기억이 잘 나지 않을 만큼 흐뭇하고 즐거운 산행이었다.

오늘은 평생 기억되리라.

32 우중雨中 최악의 산행, 멈추면 죽는다

제32구간 대관령~새봉~선자령~곤신봉~전망대~매봉~
소황병산~노인봉~진고개

산행 날짜 2014. 8. 10(일)
산행 거리 24.10km
산행 시간 9시간 40분(05:40~15:20)

종일 큰비가 내렸다. 새벽에 일어나니 장대비가 쏟아지며 뿌연 안개로 3m 앞도 보이지 않는다. 하지만 지금까지 그래왔듯이 계획한 대로 가야 할 길은 가야 한다. 이러한 악천후 속에서도 외대산악회 선후배 9명이 선자령까지 지원 산행에 나선다. 어제 능경봉까지 올라와 하룻밤 같이해 준 것만으로도 족한데 우중에서 빗속 지원 산행을 해주니 그야말로 감개무량할 따름이다. 무슨 말이 더 필요하랴!!

아침 5시 40분, 대관령 국사 성황당에서 우측으로 진입하여 선자령을 향한다. 선자령 정상 4.7km, 대관령 0.3km 이정표를 지나 헬기장과 만나고 다시 임도에서 뉴밀레니엄 기념석이 있는 우측으로 진행하여 새봉전망대에 오른다. 이어 비와 짙은 안개로 앞길이 보이지 않아 오직 감으로 길을 찾아 7시 40분, 선자령에 도착한다. 대관령에서 선자령까지 5.8km의 거리를 2시간에 걸쳐 진행한 셈이다.

선자령에서 빗속 기념촬영을 한 후 외대 후배들은 이 악천후에 더 이상 진행하는 것은 무리라며 만류한다. 그러나 나는 선자령까지 동행한 어린 후배가 오히려 걱정되어 빨리 숙소로 돌아갈 수 있도록 내 핸드폰으로 선자령 정상석을 배경으로 기념사진만 촬영해 주고 서둘러 곤신봉으로 향한다.

임도를 따라 풍력발전기 옆을 걷는데 세찬 비바람으로 풍력발전기 삭도 돌아가는 소리가 소름 끼칠 정도로 무섭다. 선자령에서 50여 분 진행하니 대공산성 갈림길이 나오고 여기서 곤신봉까지는 300m 거리다.

오전 8시 35분, 드디어 곤신봉1,135.1m에 도착한다. 곤신봉 정상석은 임도 옆에 세워져 있다. 곤신봉을 지나서도 삼양목장의 초지는 넓게 펼쳐져 있다. 계속 동해 전망대를 향해 걸으니 해발 1,140m라고 쓰여진 표지석이 서 있고, 그 뒤에는 2004년 개봉된 강제규 감독의 '태극기 휘날리며' 촬영지 표지판이 세워져 있다.

쏟아지는 장대비로 대간 길은 강이 되고
한 치 앞도 안 보여, 오직 '감으로 감으로'

이어 해발 1,150m 표지석과 함께 '대관령 삼양목장 목도' 안내판과 '바람의 언덕' 나무 데크가 나온다. 여기서 더 지나 '숲속의 여유' 문을 통과하고, 로프가 좌우로 잘 설치된 등산로를 따라 걸어 오전 9시 20분 해발 1,140m 동해전망대에 도착한다. 전망대 표지석에는 '日出壯觀 茫茫大海 希望의 展望臺 – 2004. 4. 4'라고 쓰여 있으며 밑에는 온도계가 설치되어 있다. 그리고 현 위치에서 대청봉, 발왕산, 소황병산, 정동진 등 강원도 주요 지점의 방향을 표시해 주는 방향표지석도 있다.

일기가 좋지 않아 아무것도 조망이 안 되는 동해전망대에서 마음속으로라도 넓고 푸른 동해를 그려볼 뿐이다. 동해전망대 데크는 날씨가 좋을 때는 비박 장소로 제격일 듯싶다.

동해전망대에서 대간 길은 소황병산 화살표 방향으로 진행된다. 전망대에서 약 40분가량 임도를 따라 진행하여 10시 매봉에 도착한다. 조그만 돌에 검정색 매직으로 누군가 매봉이라 써놓았다. 이

곳부터는 비 탐방구역으로 감시카메라가 있으며 평상시 감시요원이 지키는 곳이다.

목책을 통과하여 진행하니 듬성듬성 나무가 서 있는 드넓은 초지 지대다. 평상시에는 목가적인 풍경을 자아내지만 오늘은 성난 폭풍의 언덕으로 변해 있다. 한 치 앞을 볼 수 없는 거센 비바람 속에서의 오늘 산행은 공포 그 자체다.

매봉까지는 그런대로 고도를 높일수록 시야가 조금씩 보이기 시작했으나 비탐방 구간으로 들어서면서 대간 표시기가 없어지는 바람에 등로 찾기가 힘들다. 여기도 길 같고 저기도 길 같기도 하여 신경을 온통 곤두세운다.

쏟아지는 비로 등산로는 강이 되고 도랑이 되어 신발은 물속에서 첨벙거리고 옷을 입은 채로 샤워하듯 온몸에서는 빗물이 주룩주룩 흘러내린다. 그럴 때마다 산행을 잠시 멈추고 신발을 벗어 물을 쏟아내고, 등산복을 완전히 벗어 물 짜내기를 한다. 진고개에 도착하여 산행을 마감하기 전까지 이렇게 멈춤과 물 짜내기를 몇 차례 했는지 모르겠다. 무엇보다 저체온증에 대한 무서움을 잘 알기에 나름대로 취한 비상조치다.

선자령에서 소황병산까지
저체온증 막기 위해 '옷 벗고 몇 번씩 빗물 짜내'

오늘 같은 날에는 멈추면 죽음이다. 저체온증에 대한 공포는 소황병산 도착할 때까지 계속된다. 게다가 어제부터 문제를 일으킨 오른쪽 발목의 통증이 더욱 심해져 마음이 착잡하다. 왜, 이 나이에 중뿔나게 대간 일시종주를 하게 되었는지 후회도 인다.

임도를 걷다가 길을 잃게 되면 무조건 오른쪽동쪽으로 달라붙는다. 이러한 감은 비교적 맞아떨어져 큰 실수 없이 산행한다. 이 구간 또한 전형적인 동고저서 형이어서 동쪽에 주능선이 형성되어 있기 때문인 듯하다.

그러나 그런 가운데서도 긴장한 탓인지 산행 속도는 예상보다 빨라 스스로 산행 속도에 놀란다. 매봉에서 소황병산까지 4.6km를 1시간 40여 분에 걸쳐 도착한다. 소황병산은 목장의 정상이다.

소황병산에서 감시초소를 넘어 노인봉으로 향한다. 약 2시간가량 걸어 노인봉 대피소에 도착하니 비로소 살았다는 안도감이 든다. 탐방구간인 노인봉 대피소 이정표에는 노인봉 0.4km, 진고개 3.7km로 나와 있다. 노인봉 대피소에서 쉼 없이 이어지는 내리막 계단을 통해 오후 3시 20

분, 진고개에 도착한다.

  오늘 하루는 대간 역사상 가장 힘든 날이 아니었나 싶다. 사위는 짙은 안개로 음산한 가운데 거센 비바람과 저체온증, 그리고 심연 깊은 곳에서 솟구치는 외로움과 싸워야 하는 힘든 산행이었다.

오대산의 따스한 품에 안기다

제33구간 진고개~동대산~차돌배기~두로봉~신배령~만월봉~
응봉산~마늘봉~약수산~구룡령

산행 날짜 2014. 8. 11(월)
산행 거리 21.90km
산행 시간 12시간 10분(06:15~18:25)

　진고개에서 두로령까지는 법정 탐방로지만 두로령부터 구룡령까지는 통제된 구간이어서 산행을 서두른다. 아침 6시 15분, 진고개를 출발하여 동대산1,434m을 향한다. 하늘은 어제 비를 다 쏟아부었는지 오늘은 맑고 기온 또한 선선하다.

　해발 1,072m인 진고개는 강릉시 연곡면 삼산리와 평창군 대관령면 병서리에 위치해 있다. 북으로는 동대산이 동남으로는 노인봉1,338m이 위치해 있는데, 진고개는 '비가 오면 땅이 질어진다는 데서 그 이름이 유래했다'고 한다. 그래서 옛 대동여지도에는 진고개를 한자화해서 니현泥峴이라 표현했다고 한다. 또 다른 유래는 고개가 길어서 긴고개라고 하였다가 방언의 구개음화로 진고개가 되었다는 설이 있다.

진고개에서 동대산까지는 1.5km지만 가파른 오르막이어서 1시간은 잡아야 한다. 간간이 나뭇잎에 바람이 부딪치는 소리와 새소리를 들으며 모처럼 싱그러운 마음으로 아침 산을 오른다. 두 번째 대간행 시 이 구간을 새벽 3시 30분에 헤드라이트에 의지해 올랐는데 무척 힘들게 느껴졌던 기억이 있다. 더욱이 당시는 진고개 출발 시부터 구룡령 하산 시까지 종일 비를 맞고 걸었다. 그때도 새삼 느낀 바이지만 앞사람 뒤꽁무니만 따라가는 야간산행은 정말 별의미가 없다고 생각한다.

동대산 지나 한강기맥 분기점 두로봉으로

동대산에 올라 뒤를 돌아보니 진고개 건너편 노인봉이 아침 햇살을 받으며 기지개를 켜고 있다. 그리고 그 뒤로 어제 지나온 소황병산과 매봉의 산그리메가 이어진다.

널따란 정상에서 잠시 거친 호흡을 가다듬고 이제 차돌배기를 향한다. 동대산에서 차돌배기까지는 2.5km다. 크고 작은 내리막과 오르막을 반복하며 약 1시간 30분 동안 1,423m 봉과 1,405m 봉을 지나니 직경 4m에 높이 8m 정도의 차돌배기에 도착한다. 차돌배기는 모래로 이루어져 표면이 거친 사암이 열과 압력을 받아 변성작용을 거쳐 규암(硅岩)으로 변한 것인데, 사암과 달리 표면이 매끈한 게 특징이라 한다. 차돌배기에는 거대한 소금덩이와 같은 두 개의 규암이 형제처럼 나란히 서 있다.

이곳에서 다음 구간인 두로봉1,422m까지는 3.7km다. 1,261m 봉과 신선목, 그리고 1,381m 봉을 거쳐 두로봉까지 고도를 계속 높여간다. 이 길은 주로 참나무 숲인데 소나무가 드문드문 섞여 있다. 두로봉으로 향하는 길 양쪽에 멧돼지가 군데군데 파놓은 흔적들을 보며 그곳이 멧돼지의 삶의 터임을 실감한다.

두로봉은 한강기맥의 시작점이다. 한강기맥은 오대산, 계방산 등 영서내륙을 지나 남한강과 북한강을 양분하는 남양주시 양수리까지 160km를 달려와 전진을 멈춘다.

두로봉은 북서쪽의 비로봉·상왕봉, 서쪽의 호령봉, 남동쪽의 동대산과 함께 오대산 다섯 봉우리 중 하나다. 그러나 잡목으로 오늘 이 주봉들은 조망되지 않는다.

　　두로봉 정상석에서 잠시 목을 축이며 주위를 살펴본다. 정상석 근처에는 두로봉~신배령~1,210m 봉까지 출입을 금하는 안내판과 함께 목책이 둘러쳐 있다. 흔히 이곳에서 목책을 넘어 북진하는데 그러면 알바다. 대간 길은 목책 좌측으로 급좌회전 내리막이다. 내리막을 지나자 등산로는 거의 직선을 이루며 참나무 숲 사이로 뻗어나간다. 참취꽃, 산나리 등 각종 야생화가 자태를 뽐내며 지천으로 피어 있다.

　　그러나 통제구간이라 전혀 등산로 표시기가 없다. 이번 대간을 통해 새삼 느끼는 바이지만 통제된 구간이 오히려 많이 황폐화되어 있다. 우선 멧돼지가 제멋대로 산하를 파헤쳐놓은 데다 예전 설치했던 인공구조물들을 방치하여 산행하는 사람들의 안전을 위협하고 있다.

두로령에서 신배령₁,₂₁₁ₘ까지는 3.3km다. 잡목 지대와 1234고지를 지나 12시 15분 신배령에 도착한다. 신배령은 오대산 북쪽 홍천군 내면의 명개리와 연결되는 갈림길이다.

신배령에서 만월봉₁,₂₈₁ₘ까지는 3.3km, 만월봉에서 응복산₁,₃₆₀ₘ까지는 1.4km로 큰 오르막과 내리막을 거듭하며 고도를 높여나가는 쉽지 않은 길이다. 만월봉의 오르막길 양편에는 산죽들이 군락을 이루고 있으나 웬일인지 산죽은 잎사귀가 모두 떨어지고 앙상한 잔가지만 남아 있다. 무거운 발걸음을 옮겨 망월봉을 지나고, 급기야 응복산에 올라 지나온 길을 뒤돌아보니 만월봉과 두로봉 사이 아스라한 산 그리메 사이로 하얀 구름이 가야금의 농현弄絃인양 실루엣이 되어 여울져 흐른다.

만월봉과 두로봉 지나 산그리메
가야금의 농현처럼 여울져 흘러

응복산을 지나면 약 700여m 내리막이 계속되고 이어 평평한 지형에 다다른다. 이 구간 지난 뫼솔산악회에서 골동품이라는 분이 애지중지했던 등산화의 밑창이 떨어져 한 손에 그것을 들고 걸은 적이 있는데 새삼 그때 모습이 떠올라 절로 웃음이 나온다. 또한 이 구간부터 김옥남 고문님과 닉네임 카이자르 씨가 무릎에 무리가 와서 크게 고생한 적이 있는데 모두 쾌유되었기를 기원한다.

등산로 양옆으로는 기묘한 나무들이 많다. 모두가 행위예술가인 것 같다. 어떤 나무들은 텅 비어 있는 몸통 안에 또 다른 나뭇가지가 뱀처럼 똬리를 틀고 있으며, 또 어떤 나무들은 마치 숫양의 얼굴 같기도

하다. 오대산 일원에는 기후가 좋아서인지는 몰라도 이러한 예술나무들이 많은 듯하다.

응복산에서 마늘봉$_{1,126m}$까지는 2.7km지만 1281m 봉을 거쳐 힘든 내리막이 이어져 거의 50분이 소요되었다. 다시 마늘봉에서 1,261m 봉, 1,282m 봉까지는 급경사 오르막이다. 1,261m 봉에 오르니 누군가 B4 크기의 종이에 코팅하여 "1,261m 봉 힘내세요! 아미산"이라고 써놓았다. 대부분 대간하는 사람들은 처음에는 1,261m 봉이나 1,281m 봉을 약수산으로 생각했다가 그곳이 약수산이 아님에 실망한다.

1,261m 봉에서 약수산 2.6km로 구룡령 3.9km를 더 가야 한다. 1,282m 봉에서 약수산$_{1,306m}$까지는 내리막이었다가 안부를 기점으로

다시 오르막으로 약 1시간가량 이어진다. 나도 그렇지만 대부분 대간하는 사람들에게 이 구간이 힘들게 느껴지는 것 같다.

지루하고 지친 산행 끝에 급기야 약수산 바로 아래 전망대에 도착한다. 북쪽을 바라보니 저 멀리 한계령이 보여 가슴이 설렌다. 한계령을 보니, '야, 많이도 왔구나' 하는 생각과 함께 차분한 마음으로 끝까지 최선을 다하자고 다짐한다.

약수산에서 구룡령1,013m까지는 1.3km로 급경사 내리막이다. 안전로프와 나무계단에 의지해 30여 분 내려오니 산림청 옛 전시관이 나오고 곧이어 구룡령에 도착한다. 구룡령은 북으로는 설악산, 남으로는 오대산과 이어지는 강원도의 영동양양군과 영서홍천군로 가로지르는 분수령이다. 일만 골짜기와 일천 봉우리가 220리 구절양장 고갯길을 이룬 곳으로 마치 아홉 마리 용이 서린 기상을 보이는 곳이라 하여 유래

한 이름이다.

시계를 보니 오후 6시 25분으로, 오늘 산행은 총 12시간 10분이 소요되었다. 이 구간 산행 시마다 매번 느끼는 것은 같은 거리인데도 다른 구간에 비해 산행시간이 1시간 30분~2시간 정도 더 소요된다는 것이다. 그 이유에 대한 확실한 결론은 아직도 못 내렸지만 아마도 진고개~동대산의 깔딱, 그리고 응봉산~마늘봉의 지침, 약수산~구룡령 급경사 하산길 등이 원인이 아닌가 싶다.

34 '삼둔 오갈'의 고장 인제군의 하늘 길

제34구간 구룡령~갈전곡봉~왕승골삼거리~968.1m 봉~연가리골 샘터~
쇠나드리 고개~조침령

산행 날짜 2014. 8. 12(화)
산행 거리 20.3km
산행 시간 10시간 45분(06:30~17:15)

아침 6시 30분, 백두대간 구룡령 표지석 맞은편에서 홍천 방면으로 10m 내려가 나무계단으로 산행을 출발한다. 오른쪽 발목이 계속 말썽이다. 더 이상 악화되지 않도록 시간 날 때마가 소염진통제를 바르고 문지를 뿐이다.

날씨는 흐리지만 바람이 시원하게 불어 여름 산행으로는 최고인 듯하다. 나무계단을 올라 10여 분 진행하니 진고개 22km, 조침령 21km라는 이정표가 나온다.

이 이정표에서 20여 분 더 진행하면 구룡령 옛길 정상에 도착한다. 조금 더 걸으니 명계리로 내려가는 능선 갈림길이 나오고 이곳에서 1,063m 봉을 오르자 갈전곡봉까지 0.75km 남았다는 이정표가 있다. 아침 8시 5분, 오늘 구간의 최고 봉우리인 갈전곡봉$_{1196.3m}$에 도착한다. 정상석은 작은 표지석에 매직으로 대구의 한 산악회에서 '갈전곡봉'으로 써놓았다.

문자 그대로 칡이 지천에 널려 있다고 해서 이름 붙여진 갈전곡봉은 인제군 기린면과 홍천군 내면에 걸쳐 있으며, 서북 방향의 가칠봉$_{1,240.4m}$과 응복산$_{1,155.6m}$, 구룡덕봉$_{1,388.4m}$으로 이어져 산림청 선정 100대

명산인 방태산과 연결된다. 또한 소양강의 지류인 방대천芳臺川을 비롯하여 계방천桂芳川·내린천內麟川 등의 발원지를 이룬다.

구룡령에서 갈전곡봉 오르는 길은 조금 힘이 들지만 조침령까지 나머지 17km 구간은 무난하다. 대간 길은 오른쪽으로 크게 휘면서 가파른 내리막으로 이어졌다가 1,107.4m 봉을 오르고, 또 내리막으로 내려섰다가 1,016m 봉을 오른다. 공터에는 의자가 있고 삼각점이 있다. 날씨가 흐린 탓에 좌우 조망은 없다.

1,016m 봉을 지나 작은 오르내림을 반복하여 오전 10시 15분, 왕승골 삼거리에 도착한다. 이정표에는 조경동 1.6km, 갈전곡봉 3.2km, 연가리샘터 3km, 조침령까지는 12.9km로 나와 있다.

'아침가리계곡' 등 심산유곡 빚어낸 왕승골 삼거리

강원도 인제군과 홍천군 경계에 자리한 방태산1,443.7m에는 '삼둔 오갈'이라 불리는 곳이 있다. 옛부터 난리를 피해 숨어들던 오지를 일컫는다. 삼둔은 월둔·달둔·살둔 등 숨어 살기 좋은 마을을 가리킨다. 오갈오가리은 아침가리·적가리·연가리·명지가리·곁가리 등 방태산 일대의 깊은 계곡을 말한다.

이 중 아침가리골은 오가리 가운데서도 가장 길고 깊다. 아침가리의 옛 이름은 조경동朝耕洞이다. 아침 일찍 밭갈이를 해야 할 정도라는 의미처럼 산이 높고 험준해서 아침에 잠시 해가 비치다 곧바로 넘어가는 첩첩산중이다. 산이 높고 골이 깊은 만큼 수량이 풍부하고 골짜기가 시원하기로 이름났다. 아침가리골은 여름철이면 백패킹 등산객들로 붐빈다.

　왕승골 삼거리에서 간식을 먹고 10여 분 진행하니 '평해손씨지묘'가 나온다. 이어 산죽 지대를 지나 950.9m 봉 삼각점과 만난다. 이곳에서 약 1시간 정도 진행하면 마루금은 이곳에서 우측으로 방향을 바꾸어 1,020m 봉에 도착한다. 이곳에서 20여 분 내리막을 내려와 연가리골 샘터에 도착하니 시계는 낮 12시 25분을 가리키고 있다.

　연가리골 샘터에서 조침령까지는 9.2km다. 그러고 보니 오늘 산행도 이미 절반 이상은 왔다. 이곳에서 20여 분 오르막을 오르면 나무에 코팅을 해서 붙여놓은 950.9m 봉이 있다. 오늘은 조망이 없는데다 마루금은 별 특색 없이 오르내려 좀 지루한 감이 든다.

950.9m 봉 너머에는 지나야 할 1,059m 봉이 솟아 있다. 950.9m 봉에서 산죽 지대를 거치며 40여 분 진행하여 1,059m 봉에 도착한다. 이곳에서 조금 진행하여 1,080m 봉을 오르고, 20분 정도 더 진행하니 갈전곡봉 10.5km, 조침령 5.8km라는 이정표가 있는 안부에 도착한다. 이제 얼마 남지 않았다. 전형적인 육산인데다 고도차가 크지 않고 바람까지 시원하게 불어 산행 피로도는 그렇게 크지 않다.

　완만한 마루금은 다시 급경사 내리막으로 변하고 이어 양양군 서면 황이리黃耳里로 가는 갈림길이 나온다. 이곳 이정표는 조침령까지 4.1km를 가리키고 있다. 갈림 길에서 대간 길은 산죽 군락으로 완만히 이어진다. 쉼터 의자가 설치되어 있는 830m 봉을 지나 1시간 정도 진행하니 조침령 2.6km 이정목이 보인다. 날씨는 이제 맑게 개어 이곳에서 조침령으로 올라오는 418번 지방도가 멀리 내려다보인다.

 이어 오후 4시 25분, 옛 조침령인 쇠나드리 고개에 도착한다. 인제와 양양을 연결하는 이 고개는 일대에 소가 좋아하는 풀들이 많이 자라 '소들이 그 풀들을 뜯어먹기 위해 나들이를 간다'는 데서 유래했다고 한다. 저 멀리 다음 구간인 점봉산이 조망된다.

조침령 '화톳불'에서 느낀 옛 고향의 정취

 쇠나드리 고개에서 조침령까지는 1.5km로 대간 길은 좌측 418번 도로로 금방 내려설 듯하다가 다시 우회하여 802m 봉과 796m 봉을

오르내린다. 이곳에서 30여 분 더 진행하여 내리막 나무계단을 지나니 조침령이다.

해발 750m인 조침령鳥寢嶺은 양양군 서면 서림리와 인제군 기린면 진동리를 이어주는 고개로, 조침鳥寢은 '높고 험하여 새가 하루에 넘지 못하고 잠을 자고 넘었다'는 데서 유래되었다. 이 고개는 한계령과 미시령 길이 열리기 전에는 서울로 가는 중요한 고개였다.

조침령에서의 민박은 운치가 너무 좋았다. 민박집은 조침령에서 5분 거리로 하루 묵기에는 허전함이 들 정도였다. 아래에 보이는 계곡과 물소리 그리고 오랜만에 조동식이와 함께 피워본 통나무 장작의 화톳불이 마치 어릴 적 고향집에 온 듯 정겹게 느껴졌다. 한여름 밤 조침령 계곡의 한기는 밤새도록 화톳불을 요구했다.

하루 일기를 정리하고 내일을 위해 잠을 청한다.

아쉬움이 남아 다음에 꼭 한 번 더 와야겠다.

35 드디어 남설악에서 대청봉을 바라보다

제35구간 조침령~복암령~단목령~점봉산~망대암산~암릉~한계령

산행 날짜 2014. 8. 13(수)
산행 거리 23.10km
산행 시간 13시간 10분(04:30~17:40)

민박집의 호젓함을 뒤로하고 새벽 4시 30분, 조침령을 출발해 복암령으로 향한다. 조침령~점봉산 구간은 식물의 유전자 및 자연생태계 보존차원에서 산림청에서 정한 통제구간이라 이른 시간에 헤드랜턴에 불을 켜고 입산을 시작한 것이다. 날씨는 흐리지만 다행히 비가 오지 않아 새벽 공기는 서늘하고 상쾌하다.

아침 이슬을 머금은 싱그러운 숲 내음이 반갑다. 대간 길 시작점에서 현위치 표시목 '점봉 32'_{단목령 9.8km, 조침령 0.1km}이 반겨준다. 표시목에는 앞뒤 중요지점까지의 거리와 GPS 위경도 정보가 함께 기록되어 있어 종합적인 정보를 제공해 주고 있다. 이러한 표시목은 점봉산까지 500m 간격으로 잘 표시되어 있어 다른 비법정 탐방로와는 다르게 산

행하는데 안도감을 준다.

　헤드랜턴에 의지해 조침령에서 약 1시간 진행하여 900.2m 봉과 943m 봉을 지난다. 날씨가 흐려 햇빛을 볼 수는 없지만 이미 날은 환하게 밝아져 있다. 삼각점이 있는 1,018m 봉에 올라서자 정면 좌측으로 양양 양수발전소의 상부댐인 진동호와 풍력발전기가 보인다. 양수발전소는 수력발전의 한 형태로 야간이나 전력이 풍부할 때 펌프를 가동해 아래쪽 저수지하부댐의 물을 위쪽 저수지상부댐로 퍼 올렸다가 전력이 필요할 때 방수하여 발전한다. 양양 양수발전소는 6km의 수로 터널을 통해 양양 영덕호의 물을 끌어올려 진동호에 저장해 놓았다가 무려 767m의 수직터널에 물을 통과시켜 전력을 얻는다. 발전 용량은 100만kW로 청평 호명호수 40만kW, 삼랑진 60만kW, 무주 60만kW, 예천 80만kW 등 우리나라 7개 양수발전소 중 최대다. 양수발전소 총 발전 용량은 모두 470만kW로 국내 전체 발전 설비용량의 5.7%를 차지하고 있다.

우리나라 최대의 양수발전소 상부댐 '진동호' 위를 지나다

　1,018m 봉에서 언덕길 같은 평탄한 대간 길을 걸어서 962m 봉과 1,000m 봉을 지난다. 좌측으로는 계속해서 진동호와 풍력발전기가 조망된다. 등산로 양옆에는 멧돼지들이 마구 파헤쳐 놓아 흉측하게 망가져 있으며 여기저기 배설물도 보인다.

　이곳에서 약 1시간 진행하면 1,136m 봉에 이르고 또 20여 분 내리막을 지나면 오전 7시 45분, 해발 940m인 북암령에 이른다. 조침령에서 이곳까지는 7.2km인데 약 3시간 15분에 걸쳐 통과했다. 오늘은 더 냉정하고 차분하게 걷자는 심정으로 천천히 진행한 결과다.

　북암령은 인제군 기린면 진동리와 양양군 서면 북암리를 이어주는 고개로 북암리를 이어주는 고개다. 왼쪽으로 내려가면 곰배령이다. 이곳에서 단목령은 직진하여 2.9km 거리에 있다. 규칙적으로 나타나는 현 위치 표시목이 있어 지루하지 않게 진행하며, 단목령을 향해 서서히 고도를 낮출수록 우측과 좌측 계곡에서 물 흐르는 소리가 들린다.

　오전 8시 45분, 단목령에 도착한다. 단목령은 박달나무가 많아 박달령이라 불리기도 했는데 인제군 기린면 진동리와 양양군 오색을 연결하는 고개다. 좌측으로 가면 설피산장 지나 조침령으로 내려갈 수 있고, 우측으로 가면 3km 거리에 오색초등학교가 있다. 이곳에는 단목령 지킴터가 설치되어 있고, 출입금지 목책과 경고판에는 멸종위기

인 한계령풀과 야생식물 군락을 보호하기 위해 2026년까지 출입을 금지한다고 적고 있다.

점봉산 방향은 '출입금지' 경고문이 붙어 있는 목책 직진 방향이다. 등산로는 참나무 숲에서 산죽 길로 바뀌더니 급경사 통나무 계단이 길게 이어진다. 삼각점설악 458이 있는 855.5m 봉으로 오르는 오르막이다. 이어 평탄한 등산로를 따라 920m 봉과 972m 봉, 952m 봉을 오르내려 오색 삼거리에 도착한다. 여기서 오색까지는 1시간 20분 소요된다고 되어 있다.

10여 분 진행하니 백두대간 등산로 정비사업 안내표시판이 나오고, 등로는 더욱 급경사 오르막으로 이어지는데 나무뿌리와 함께 무너진 통나무 계단이 엉켜 훼손되어 있어 안타까움을 자아낸다.

거친 숨이 계속될 때 점봉산 1.5km, 단목령 4.7km이라 적힌 '점

봉3' 표시목이 정상이 멀지 않았으니 힘을 내라며 격려한다. 오색 삼거리에서 점봉산까지는 표고 약 400~500m 차이가 나 오름길은 매우 가파르다.

이제 점봉산 1.0km, 단목령박달령 5.2km, 너른이골 5.4km라 쓰인 철제 이정표에 점봉산 1.0km, 단목령 5.2km이라 적힌 '점봉 2' 구조목이 함께 붙어 있는 오색 사거리에 도착한다. 이곳은 홍포수막터에서 올라오는 길과 만나는 지점이다.

홍포수막터는 옛날 홍씨 성을 가진 사냥꾼이 살았다는데 실제로는 포수의 수발을 들던 수하가 홍 포수 행세를 하며 마을에 들락거리자 사람들이 포수로 착각하여 홍 포수라 부른 데서 연유하였다는 재미난 얘기가 전해지고 있다.

점봉산이 가까워질수록 자갈길로 된 급경사 오르막이 더욱 심해지고 무척 힘이 든다. 드디어 마지막 급경사를 힘차게 올라서니 오른쪽으로 시야가 트이며 멀리 설악산 암봉들의 모습이 보인다. 정상 부근에는 활짝 핀 주홍빛 '참나리'와 흰색의 '까치수염' '산꿩의다리', 그리고 노란 '짚신나물'과 '참좁쌀풀' 등 여름 야생화가 숨이 막힐 정도로 만개하여 외로운 산객의 수고를 위로한다.

점봉산에서 바라보는 설악산 서북 능선의 파노라마, 언제 봐도 장엄해

점봉산點鳳山, 1,424m 정상 도착시간은 낮 12시 5분이다. 강원 인제군 기린면, 양양군 서면에 위치한 점봉산은 설악산 국립공원 중 남설악의 중심이 되는 산으로, 설악산의 최고봉인 대청봉을 오르는 시발점이기도 하다. 설악산 대청봉과 점봉산은 한계령을 중심으로 마주 보고 서 있다. 날카롭고 험한 대청봉의 모습이 남성미를 나타낸다면 점봉산은 어머니의 품처럼 곱다. 오래전부터 산나물과 야생화 등 자생식물의 천국이었던 점봉산은 고향집을 찾은 자식들에게 음식을 나누어주듯 이곳을 찾는 사람들을 굶주리지 않게 하는 마음 고운 산이다.

산자락에 12담 계곡·큰고래골·오색약수터·망월사·성국사터 등 명소가 많으며, 오색약수를 거쳐 오르는 주전골은 단풍명소로 흰 암반 위를 흐르는 계곡물과 단풍이 어우러져 매우 아름다운 풍경을 빚어낸다.

날씨가 좋으면 대청봉·가리봉 등 설악산의 영봉들은 물론 푸른 동해가 한눈에 들어오는데 오늘은 안개로 흐릿하여 귀때기청봉에서 이어진 서북 능선과 대청봉이 흐릿하게 보일 뿐이다. 그래도 어렴풋이나마 장엄한 산그리메의 파노라마를 보고 있노라니 이제 '진부령도 얼

마 남지 않았다'는 안도감과 함께 지금까지 지나온 마루금들이 주마등처럼 스쳐간다.

정상에는 산림청 인제국유림관리소에서 세운 정상석과 '단목령박달령 6.2km, 귀둔 4.8km, 곰배령 3.3km' 등의 이정표는 있는데 내가 진행할 한계령 방향 표시는 없다.

이곳에서 한계령 방향, 즉 대간 길은 오른쪽 바윗길을 따라 진행해야 한다. 망대암산까지는 급경사 내리막이 길게 이어지는데 잡목들이 우거진 좁은 길에는 자갈들이 많다. 흐리던 날씨는 비가 오려는지 더 어둑해지기 시작한다. 내리막의 경사는 차츰 완만해지고 급기야 망대암산 삼거리가 나온다. 오후 1시 40분, 여기서 오른쪽 망대암산 방향으로 10여 분 올라가니 정상이 나오는데 정상석은 없다. 누군가 흰색 표지판에 '망대암산 1,236m'이라 써놓았다. 뒤를 돌아보니 점봉산까지 지긋한 오름길이 조망된다.

점봉산 동쪽 사면의 오색 주전골은 가짜 주전鑄錢을 만드는 자들이 관아의 단속을 피하기 위해 망을 보던 산이라 해서 그런 이름 붙여졌다고 한다.

대간 길은 왼쪽 내리막 바위 사이로 나 있는데 경사가 심하고 험한 곳이라 조심스럽게 통과한다. 이어 산죽 지대를 40여 분에 걸쳐 통과하여 12담 계곡 갈림길에 도착한다.

이곳에서 대간 길은 산죽 지대로 오르막 경사가 시작되는데 약 1시간 정도 지긋한 오르막에 이어 급경사를 오르고 나니 1,157.6m 봉에 이르고, 오른쪽으로 설악산 서북능선과 대청봉이 흐릿하게 보인다. 흐리던 날씨는 끝내 비는 쏟아내고야 만다. 미끄러운 암릉 길을 내려갈 일이 캄캄하다.

점봉산~한계령 험한 암릉 길에 쏟아지는 비
대간 길의 마지막 시련인가?

이어 1,155.9m 봉 옆으로 지나 조금 진행하니 약간 넓은 공터가 나오고, 대간 길은 대간리본이 많이 달린 우측으로 꺾여 올라간다. 오른쪽으로 올라서니 내리막 능선을 따라 진시황릉의 토우들처럼 삐죽삐죽 솟은 기암괴석들이 안개 속에 스멀스멀 서 있다. 그 모습을 보니 모골이 송연해진다. 이른바 기암괴석이 만 가지 형상을 하고 있다 하여 이름 붙여진 만물상 구간으로, 바위와 바위 사이를 로프에 의지해 진행해야 하는 위험한 구간이다.

평소에도 더디고 위험한 길인데 1인 산행에 비까지 내리니 참으로 엄청난 압박감이 느껴진다. 로프는 뾰족한 암릉을 묶어 설치한 곳도 있고, 잣나무에 고정해 놓은 곳도 있다. 일부 구간의 부실한 로프는 혹 끊길지도 모른다는 두려움마저 일게 한다. 그러한 가운데서 사력을 다해 암릉을 오르고 또 내린다. 바위에 미끄러지거나 두려움을 가지면 지는 것이다. 안전산행에 방점을 두고 담대함을 갖고자 노력한다. 시간적으로 충분하니 굳이 서두를 이유가 없다.

이렇게 조심조심 만물상 중간쯤에 위치한 전망 바위 봉에 올라선다. 평소 같으면 숨어 있던 한계령 굽이굽이 고개가 일순에 또렷하겠지만 오늘은 사방이 오리무중이다. 빗물로 미끄러운 암벽을 따라 거의 사투를 다해 오르락 내리락을 반복하면서 간신히 만물상을 지난다.

우여곡절 끝에 만물상이 끝나고부터 천연보호구역 사각 돌기둥 세

개가 차례로 서 있고, 1분도 채 안 되어 내림길은 마지막 봉우리 직전에 삼거리가 있다. 이곳에서 우측으로 진행하면 50m 지점에 한계령 지킴터와 맞닥뜨리는 반면, 봉우리로 향하는 좌측 길은 지킴터의 단속을 피해 필례 약수 방향인 451번 지방도로 안전하게 내려갈 수 있는 길이 열려 있다.

하지만 오늘은 공원 지킴터 쪽으로 가도 괜찮을 것 같아 우측길을 통해 내려서니 1분도 되지 않아 공원 지킴터가 있다. 이곳에서 절개지를 통해 451번 지방도로 내려와 기다리고 있던 조동식 동기를 만나니 미리 예매해 놓은 오색온천으로 나를 안내한다. 조동식의 배려로 따뜻한 온천에 몸을 맡기며 오늘 산행의 피로를 푼다.

사실 오늘 산행은 마지막 암릉 구간 하산 직전에 많은 비가 쏟아져 무척 애를 먹은 탓에 산행시간 또한 예상외로 많이 소요되었지만 그래도 무탈하게 한계령에 도착한 데 대해 무척 감사한다. 대간 길 내내 나의 무사안전 산행을 기원해 준 모든 분들 덕분이다.

36 설악아! 네가 보고파 왔노라

제36구간 한계령~능선 삼거리~끝청~대청봉~중청~소청~희운각 대피소

산행 날짜 2014. 8. 14(목)
산행 거리 11.10km
산행 시간 7시간 30분(10:00~17:30)

오늘은 한계령에서 대청봉을 거쳐 희운각 대피소에서 마감하는 약 11km 산행이다. 구간을 짧게 정한 것은 최대한 휴식을 가짐으로써 남은 마지막 2구간을 원활하게 진행하기 위함이다. 더욱이 내일 오전 10시에 두 번째 대간 완주를 함께한 뫼솔산악회 정창기 씨와 양진형 씨,

그리고 외대산악회 제갈무영 후배를 마등령에서 만나기로 한 날이어서 이에 대한 일정도 고려했다.

오전 10시, 긴장 속에서도 여유를 갖고 한계령에서 산행을 출발한다. 한계령 휴게소에서 시멘트 계단을 부지런히 올라서니 설악루雪岳樓와 마주한다. 설악루·설악산 국립공원 안내도와 위령비, 탐방지원센터를 지나 오른쪽으로 대간 길은 이어진다. 그런데 이곳 위령비는 1971년에 양양과 인제를 연결하는 포장도로를 건설할 때 공병대가 투입이 되었는데 이들의 희생을 기리기 위해 건립된 것이라 한다.

인제군 북면 한계리 자양밭 동쪽에서 양양군 서면 오색리를 잇는 해발 920m의 한계령은 내륙과 동해안을 잇는 교통의 요로였다. 그렇다면 한계령의 유래는 어디서 온 걸까?

『신라김씨대종원新羅金氏大宗院』기록을 보면 마의태자 일행이 서울경주을 떠난 것은 935년이고 지금의 한계리에 도착한 때는 살을 에이는 듯한 추위와 눈보라가 심한 한겨울이었다. 따라서 한계령은 마의태자 일행이 몹시 추웠던 것을 되새겨 이름 붙였을 가능성이 높다고 해석하는 사람이 있다. 한계령은 소동라령所多羅嶺으로 불리기도 했다.

한계령에서 2.2km 떨어진 서북릉 삼거리까지는 약 1시간 30분에 걸쳐 표고 차 거의 400m를 높여야 하는 급경사 오르막이다. 한계령에서 30여 분 오르니 좌측으로 귀때기청봉이 희미하게 조망되고, 우측으로는 대청봉 가는 능선길이 병풍처럼 펼쳐진다. 돌계단과 나무계단 혹은 바위틈, 돌길과 흙길을 반복하며 오전 11시 27분, 서북능선 삼거리에 도착한다. 좌측은 귀때기청봉 가는 길이고, 대간 길은 우회하여 대청봉으로 더 깊숙이 진입한다.

　설악산雪嶽山은 『삼국사기』에는 '雪嶽', '雪華山'으로 기록되어 있고, 인제군지에는 '寒溪山'으로 기록되어 있다. 『동국여지승람』과 『문헌비고』에는 '극히 높고 험한 산으로 중추에 눈이 내리면 다음해 여름에 가서야 눈이 녹으므로 설악이라 이름 붙였다'고 했고, 조선 순조 때 여류시인 금원여사錦園女使가 쓴 『호동서락기湖東西洛記』에는 '설악산 돌은 눈과 같이 희므로 설악이라 이름을 붙였다'고 나와 있다. 그런가 하면, 노산 이은상 선생은 설악산은 본래 '살뫼'였는데 한자로 쓰다 보니 '설악'이 되었다고 주장하고, '살뫼'의 '살'은 '설'의 음역으로 신성숭고 청결神聖崇高 淸潔이라고 풀이했다.

신성하고도 숭고한 설악산, 수려하고도 웅장해

　설악산은 1970년 3월에 지정된 우리나라 다섯 번째 국립공원으로, 1982년 8월에는 한국 최초로 유네스코의 '생물권보존지역'으로 지정되었다. 설악산은 온대 중부지방의 대표적 원시림 지역으로 다양한 동식물들이 살고 있다. 사향노루, 산양, 곰, 하늘다람쥐, 여우, 수달 등 희귀종을 포함하여 총 39종의 포유류가 살고 있다고 한다.

　포유류 외에도 조류와 각종 파충류, 양서류, 어류, 곤충들과 눈잣나무, 눈주목, 소나무, 벚나무, 개박달나무, 신갈나무, 굴참나무, 떡갈나

무, 눈측백, 금강초롱꽃, 금강분취, 한계령풀 등 수많은 식물들이 서식하고 있다.

서북능선 삼거리에서 끝청까지는 4.1km로 1,401m 봉과 1,456m 봉, 그리고 1,461m 봉까지는 큰 표고 차 없이 암릉 로프와 암릉 너덜길, 그리고 흙길을 반복하며 이어지다가 끝청 못 미쳐 가파르게 고도를 높인다. 오후 2시 10분, 끝청에 이를 즈음 비가 내리기 시작한다. 이때부터 시작된 비는 밤새도록 이어졌다.

우의를 입고 끝청에서 30분 정도 더 진행하여 중청을 지나 중청 대피소에 이른다. 대피소에는 비가 온 탓에 사람이 많지 않다. 중청 대피소를 뒤로하고 오후 3시, 대청봉에 도착한다. 비가 내린 탓인지 정상에는 아무도 없어 혼자 핸드폰으로 인증샷을 찍는다. 대청봉 주위 암릉에 핀 분홍빛 금강초롱이 그동안 고생 많았다는 듯 다소곳이 고개를 숙이고 내게 묵례하는 것 같다. 대간 길 내내 즐거움을 주었던 모든 야생화에게 했듯이 진하게 고마움을 전한다.

해발 1,707.9m인 대청봉大淸峰은 한라산1,950m, 지리산1,915m에 이어 국내에서 세 번째로 높은 산이다. 예전에는 청봉靑峰·봉정鳳頂이라 했는데, 청봉은 창산昌山 성해응成海應이 지은 『동국명산기東國名山記』에서 유래하였다고도 하고, 봉우리가 푸르게 보인다는 데에서 유래하였다고도 한다. 공룡릉·화채릉·서북릉 등 설악산의 주요 능선의 출발점으로 내설악·외설악의 분기점이 되며, 천불동계곡·가야동계곡 등 설악산에 있는 대부분의 계곡이 이곳에서 발원한다.

고려 후기 문장가 안축安軸은 전국의 유명산을 기행하고 많은 문장을 남겼는데 금강산, 지리산, 설악산에 대해 이렇게 평했다고 한다.

金剛秀而不雄	금강수이불웅	금강산은 수려하나 웅장하지 못하고,
智異雄而不秀	지리웅이불수	지리산은 웅장하나 수려하지 못하나,
雪嶽秀而雄	설악수이웅	설악산은 수려하고도 웅장하다.

모두가 잘 알듯이 설악산 정상은 일출과 낙조로 유명하며, 기상 변화가 심하고 강한 바람과 낮은 온도 때문에 눈잣나무 군락이 융단처럼 낮게 자라며 기상이 좋을 때는 동해가 한눈에 조망된다. 늦가을부터 늦봄까지 눈으로 덮여 있고, 6~7월이면 진달래·철쭉·벚꽃으로 뒤덮이

며, '요산요수'라는 글귀가 새겨진 바위와 대청봉 정상석이 있다.

**대청봉 정상석과 희운각 대피소,
진정한 산 사람들의 '땀과 열정' 스며 있어**

대청봉 정상석은 1985년 봄 당시 대청산장 주인이던 이옥모李玉模 씨가 정상에 있는 돌 하나를 골라 산악인들의 도움을 받아 밧줄로 세우고 양양의 석수를 불러 사비를 들여 1박 2일 동안 설치했다고 한다.

대청봉에서 원래 대간 길은 바로 아래 급경사로 된 죽음의 계곡으로 내려가 희운각 대피소로 이어지는데, 잦은 사고로 사람들이 많이 희생된 금지구간이라 지금은 중청 대피소를 거쳐 소청을 통해 희운각 대피소로 가게 되어 있다.

대청봉에서 다시 중청 대피소로 돌아와 오후 4시 10분, 끊임없이 이어지는 계단을 타고 내려가 소청에 도착한다. 소청에서 400m만 가면 소청대피소, 1.1km를 가면 봉정암이다.

소청에서부터 희운각까지 1.3km는 기울기 45도 정도의 가파른 내리막이다. 비가 줄기차게 내리는 가운데 급경사 내리막과 계단 지대를 거쳐 오후 5시 30분, 희운각 대피소에 도착한다. 희운각 대피소 앞에는 '희운 선생 송덕비喜雲先生 頌德碑'가 있다. 비석이 세워진 내력은 이렇다.

1969년 2월, 국내에서 야심차게 추진한 히말라야 원정을 위해 18명의 산악인이 대청봉에서 희운각에 이르는 죽음의 계곡에서 동계훈련을 실시한다. 겨울이면 눈이 많이 오고 고난이도의 빙벽이 생기는 이곳은 한라산·지리산과 함께 현재도 해외 원정을 위한 최적의 훈련지역으로 알려진 곳이다.

당시 죽음의 계곡에 베이스캠프를 설치한 18명의 원정대는 조를 나눠 대청봉을 기점으로 훈련하던 중 눈사태로 베이스캠프에 있던 10명의 대원이 매몰되면서 전원 사망하는 사고 이른바 '설악산 10동지 조난사건'이 발생했다.

사고가 발생하자 속초경찰서와 한국산악회, 군부대 등이 구조에 나섰지만 계속된 폭설과 눈사태로 사고지역에 접근조차 못했고, 보름이 지나서야 사고현장에서 시신을 발굴하는 등 역사상 가장 큰 산악 사고 중 하나로 남게 되었다.

이 사고를 안타깝게 여긴 산 사람 희운喜雲 최태묵 선생은 이러한 비극이 더 이상 발생하지 않도록 당시 돈 100만 원을 들여 69년 9월 30

일, 눈·비를 피할 수 있는 팔각정을 짓고 본인의 호인 희운을 따와 희운각喜雲閣이라 칭했다고 한다. 이후 1986년 관리공단에서 팔각정을 헐고 현재의 대피소를 지어 오늘에 이르고 있다.

오늘날 수많은 산객과 관광객들이 설악산 국립공원을 찾고 있다. 설악산이 이렇게 국민의 휴식처로 발돋움하기까지에는 한계령을 뚫다가 숨진 공병대원들, 그리고 설악산 루트를 개척하다 목숨을 잃은 선배 산악인들, 희운각을 세운 산 사람 최태운 선생과 대청봉 정상석을 세운 이옥모 씨 등의 희생과 애정의 산물임을 잊지 말아야 한다. 설악산은 산 사람들의 땀과 열정 그리고 아픔이었다.

희운각 대피소에서 하룻밤 머물며 단상에 잠긴다.

37 다시 시작하는 마음으로 황철봉을 걷다

제37구간 희운각 대피소~공룡능선~마등봉~저항령~황철봉~황철북봉~미시령

산행 날짜 2014. 8. 15(금)
산행 거리 15.20km
산행 시간 11시간 20분

희운각 대피소에서 5시에 기상하여 밖을 내다보니 구름 위로 달이 떠 있는지 훤히 밝다. 하기야 오늘은 음력으로 보면 보름이 조금 지난 무렵이다. 날씨는 흐릴 뿐 비가 내리지 않아 안도한다.

산행을 준비하는데 가슴이 설렌다. 이제 진부령까지 두 구간 남았는데 함께할 천군만마 같은 지원군들이 합류하기 때문이다. 외대산악회 후배 제갈무영과 뫼솔산악회에서 만난 정창기, 양진형 씨다. 제갈무영은 이미 2구간(육십령, 이화령)에도 지원 산행을 해준 듬직한 후배로 산행에도 밝아 이번 대간종주의 일부 구간을 수정하는데 많은 조언을 얻었다.

또한 뫼솔산악회에서 만난 두 사람은 50대 중반으로 이미 우리나라 산은 거의 마스터한 등산 마니아며 산행 매너 또한 준수한 분들이다. 이 세 사람과 마등령 삼거리에서 오전 10시에 조우하기로 했다.

마지막 두 구간에 합류한 고마운 산 사람들

오전 6시 이제 희운각을 출발하여 마등령으로 향한다. 사실 공룡능

선은 대학 산악부 시절부터 많이 온 곳이지만 언제 와도 긴장되는 곳이다. 물론 지금은 구간구간에 데크와 로프가 잘 설치되어 있지만 까다롭고 어려운 코스임에는 분명하다. 그러나 공룡능선은 그 아름다운 비경으로 산객들을 위로한다.

이름이 말해 주듯 마치 공룡의 등뼈처럼 생긴 공룡능선은 그 자체도 기이하고 아름답거니와 외설악의 기묘한 암릉미와 저 멀리 동해바다를 함께 조망할 수 있으며, 또한 내설악의 가야동 계곡과 용아장성을 조망할 수 있는 설악산의 등뼈 능선이다.

오른쪽 발목의 통증이 계속되어 발을 내디딜 때마다 고통스럽지만 희운각~마등령 삼거리까지 5.1km를 4시간이면 주파할 수 있다고 생각하며 천천히 진행한다.

희운각에서 20여 분 소요하여 무너미고개$_{1,020m}$에 이르고, 1,275m 봉과 강남대 OB팀 조난 표시판을 지나니 희운각 2.4km, 마등력 2.7km 이정표가 나온다. 기상변화는 심하여 동해에서 유입된 수증기가 공룡능선의 날카로운 암봉 사이로 쉼 없이 내설악으로 흘러든다. 그 틈을 타 지나온 공룡능선과 그 아래 용아장성이 보였다가 사라진다.

드디어 오전 9시 50분, 10분을 앞당겨 세 사람과 만나기로 한 마등봉 삼거리에 도착한다. 그런데 제갈무영밖에 없다. 제갈무영에게 연유를 물으니 두 사람은 어젯밤 1시 30분 속초에 도착, 야간산행 끝에 아침 6시 마등령 삼거리에 이미 도착했으며 지금은 바로 위 마등봉에

서 나의 일시종주를 기념하는 '정상석'을 조성하고 있다는 것이다.

그 말을 들으니 좀 당황스러웠다. 나를 위해 4시간에 걸쳐 '정상석' 돌탑을 쌓는다는 것 자체를 생각조차 못했으며, 또한 한 개인의 일시종주를 기념하여 '정상석'을 설치하는 게 합당한 일인지, 또 쌓더라도 그 생김새가 조잡하면 오히려 안 쌓는 것보다 못하기 때문이다.

이런 복잡한 생각으로 제갈무영과 함께 두 사람이 기다리는 마등봉을 향해 오르니 두 사람이 마등봉 정상 앞에서 박수를 치며 환영한다. 그리고 내 소매를 붙잡고 새롭게 조성한 '정상석'으로 나를 안내한다.

그런데 정상석을 본 순간 '아 세상에~'라는 감탄사가 절로 나왔다. 얼핏 보기에 정상석은 가로 0.8m, 세로 0.5m 크기의 자연석으로 어디서 구했는지, 또 정상석 주변은 크고 작은 돌로 어떻게 그렇게 견고

하게 쌓았는지, 그리고 어디서 매직을 구해 와 한석봉에 버금가는 명필로 글씨를 새겨놓았는지 놀라울 따름이었다.

마등봉 정상에 내 이름으로 세워진 과분한 정상석

정상석 앞면은 '마등봉 1,327m', 뒷면에는 '김정은 님 대간종주 기념 2014. 8. 15일'로 되어 있다. 정말 두 사람, 대단한 발상이다.

정상석이 없던 마등봉, 그것도 진짜 정확한 위치에 마등봉이 생겨 너무 마음이 흐뭇했다. 앞으로 많은 대간꾼들이 편히 쉬며 이정표로서 역할을 다하길 기대하며 저항령으로 향한다. 평소 호흡이 잘 맞는

사람들과 산행하니 편하고 즐겁다. 특히 교황 방문 연휴시기에 어려운 시간을 내어 이렇게 지원을 와주니 천군만마를 얻은 기분이다. 앞으로 산을 통해 갚아야 될 큰 은혜를 입었다고 생각한다.

마등봉에서 저항령으로 가는 초입은 가파른 너덜 지대다. 등로 좌우로 비박하는 사람들이 바람을 막기 위해 참호 모양으로 쌓아놓은 돌담이 여기저기 보인다.

사실 마등봉~황철봉 구간은 백두대간 중 대표적인 너덜 지대로 까다롭기로 소문난 코스다. 눈이 오는 겨울철에는 더욱 위험한 코스이며, 장마철 우중 산행 시에도 미끄러움으로 매우 위험한 코스다. 오늘은 비가 내리지 않아 다행이지만 바위는 전날 내린 비로 다소 미끄럽다.

너덜길을 한참 내려서니 숲길이 나타나는데 그 숲길 또한 크고 작은 너덜로 된 길이라 걷기가 쉽지 않다. 선두에선 제갈무영이 참나무 고사목에서 자라고 있는 '노루궁뎅이버섯'을 발견한다. 생김새가 누런 강아지 수염처럼 보드랍게 생겼는데 모양이 노루궁뎅이처럼 앙증맞게 생겼다.

12시 걸레봉 아래서 방금 채취한 노루궁뎅이버섯을 안주 삼아 정창기 부회장이 준비해 온 막걸리로 피로를 풀며 점심을 먹는다. 저항령 가기 전 솟아 있는 걸레봉은 정상이 조잡하게 생겼다 하여 그렇게 이름이 붙여졌다고 한다. 그런데 이름이 예쁘지 않아 앞으로 우리는 걸레봉을 '까칠하다' 하여 까칠봉으로 부르기로 합의한다.

점심을 먹고 막 일어서려는데 마등봉에서 봤던 두 사람이 우리를 향해 내려온다. 이들은 마등봉에서 설악동 방향으로 길을 잘못 들었다가 1시간 정도 알바하였다고 한다.

까칠봉에서 저항령으로 내려가는 길은 또한 급경사 내리막 너덜길이다. 이 너덜은 족히 300~400m 이어진다.

너덜 지대를 지나자 흙길이 나오고 군데군데 주목나무가 보인다. 저항령에 도착하니 아까 마등령과 걸레봉 아래에서 봤던 산객 두 사람을 또 만난다. 이들은 저항령에서 좌측으로 갔다가 그 길이 아닌 것 같아서 다시 올라오는 중이란다. 저항령에서 황철봉은 직진해야 한다. 가는 도중 체력이 고갈되어 자꾸 미끄러지고 넘어진다. 지난 39일 동안 체력이 거의 소모되어 오직 의지 하나로 무의식중에 산행하고 있는 듯하다.

황철봉 너덜의 미스테리, 누가 그 많은 너덜을 만들었을까

저항령에서 잠시나마 야생화를 보며 피로를 풀자 다시 너덜 지대가 이어진다. 황철남봉 1,368m까지 오르는 길은 때론 100~200m, 때론 200~300m의 거대 너덜이 이어진다. 까칠봉 아래의 너덜과는 달리 황철봉 너덜은 덩치가 크다. 그런 탓에 크레바스 또한 깊어서 주의에 주의를 요한다. 황철남봉에 이르자 누군가가 A4 용지에 '황철남봉'이라 코팅해 놓았다. 운무에 쌓여 주변 조망은 없다.

황철남봉을 지나 20여 분 북진하니 황철봉 표지석이 나타난다. 그런데 지형상으로 보면 봉우리라기보다는 평편한 지형에 불과하다. 아마도 조물주나 산신령이 어떤 연유로 심술이 나서 황철봉을 받치고 있던 암릉을 쪼개어 사방으로 던져버렸는데 그것이 저 아래 울산바위가 되고, 혹은 주위의 너덜이 되지 않았나 싶다. 더욱이 황철봉 주변은 나무로 우거져 있어 그곳이 근동에서 제일 높은 곳인지 육안으로 분간할 수 없다.

황철봉을 지나니 또다시 내리막 너덜 지대다. 수많은 너덜을 지나며 균형을 잡으려 힘을 준 탓인지 오른쪽 발목이 많이 시큰거린다. 내리막 너덜 지대에서 다시 오르자 미시령의 남봉인 황철북봉에 이른다.

정상 삼각점 위에 누군가 코팅된 A4 용지로 '황철북봉'이라 표시해 놓은 것이 오래되어 정창기 씨가 매직으로 '황철북봉'을 세로로 쓰고, 끈으로 나무에 매달아 보기 편하게 해놓는다.

이곳에서 울산바위 쪽에서 큰 배낭을 메고 올라오는 40대 초반과 10대 후반으로 보이는 모녀 산객과 대학생 또래의 젊은 등산객 10여 명을 만난다. 이들은 저항령에서 비박할 예정이라고 하는데 느낌으로 보아 거의 초행길이나 다름없는 듯하여 다소 걱정이 앞선다.

황철북봉에서 미시령 가는 길은 다시 내리막 너덜 지대다. 거의 700~800m로 느껴지는 너덜 지대를 지나고 다시 육산 지대를 지나 하산을 계속하자 울산바위 갈림길인 1,092m 봉이 나온다. 울산바위 방향은 출입구를 테이프로 길게 막아놓았다.

이곳에서부터 미시령까지는 비교적 걷기 수월한 흙길 위주다. 등로 좌우에는 멧돼지가 파헤쳐놓은 흔적들이 다반사로 보인다.

감명 깊은 이식(李植) 선생의 미시파령(彌矢坡嶺)

미시령767m에 오후 5시 20분 도착한다. 미시령 표지석 근방에는 택당澤堂 이식李植. 1584~1647년이 썼다는 미시파령彌矢坡嶺을 소개하는 비석이 서 있다. 이식은 조선 중기 문인으로 문장이 뛰어나기로 유명했는데

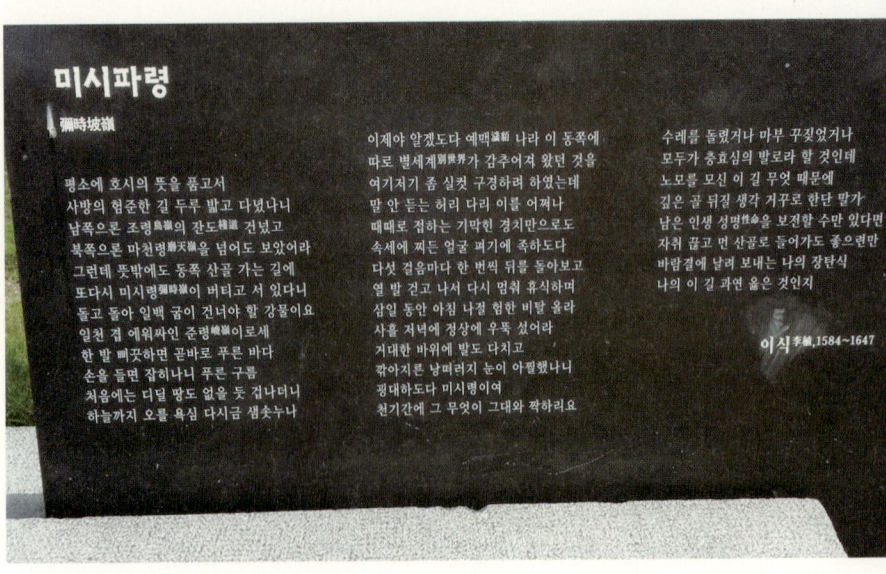

그가 지은 『수성지水城誌』에 미시파령이 들어 있다고 한다. 미시파령은 미시령의 옛이름이다.

미시파령(彌矢坡嶺)

평소에 호시의 뜻을 품고서 / 平生弧矢志

사방의 험준한 길 두루 밟고 다녔나니 / 四方經險艱

남쪽으론 조령의 잔도 건넜고 / 南登鳥道棧

북쪽으론 마천령을 넘어도 보았어라 / 北上磨天山

그런데 뜻밖에도 동쪽 산골 가는 길에 / 不謂東峽路

또다시 미시령이 버티고 서 있다니 / 復有彌坡關

돌고 돌아 일백 굽이 건너야 할 강물이요 / 一川百折渡

일천 겹 에워싸인 준령이로세 / 一嶺千匝環

한 발 삐끗하면 곧바로 푸른 바다 / 側足滄波上
손을 들면 잡히나니 푸른 구름 / 擧手靑雲間
처음에는 디딜 땅도 없을 듯 겁나더니 / 始怪地何依
하늘까지 오를 욕심 다시금 샘솟누나 / 更擬天可攀
이제야 알겠도다 예맥 나라 이 동쪽에 / 方知濊國東
따로 별세계가 감추어져 왔던 것을 / 別是一區寰
여기저기 좀 실컷 구경하려 하였는데 / 將窮觀覽富
말 안 듣는 허리 다리 이를 어쩌나 / 豈計腰脚頑
때때로 접하는 기막힌 경치만으로도 / 時時領奇絶
속세에 찌든 얼굴 펴기에 족하도다 / 且爾開塵顔

천이 백으로 된 곳도 있다.

다섯 걸음마다 한 번씩 뒤를 돌아보고 / 五步一回顧
열 발 걷고 나서 다시 멈춰 휴식하며 / 十步一停留
삼일 동안 아침나절 험한 비탈 올라 / 三朝上峻阪
사흘 저녁에 정상에 우뚝 섰어라 / 三暮登上頭

거대한 바위에 발도 다치고 / 巨石傷我足
깎아지른 낭떠러지 눈이 아찔했나니 / 顚崖眩我眸
굉대하도다 미시령이여 / 大哉穹壤內
천지간에 그 무엇이 그대와 짝하리요 / 玆嶺誰與侔
수레를 돌렸거나 마부 꾸짖었거나 / 回車與叱馭

모두가 충효심의 발로라 할 것인데 / 忠孝心所求

노모를 모신 이 길 무엇 때문에 / 何意携老母

깊은 골 뒤질 생각 거꾸로 한단 말가 / 乃反窮遐幽

남은 인생 성명을 보전할 수만 있다면 / 餘生慕苟全

자취 끊고 먼 산골로 들어가도 좋으련만 / 絕跡甘遠投

바람결에 날려 보내는 나의 장탄식 / 臨風發長歎

나의 이 길 과연 옳은 것인지 / 吾道知是不

미시령에서 기다리고 있던 조동식 동기와 속초 한화 콘도로 향한다. 여기서 바라보는 설악산은 9부 능선에 하얀 운무가 굵은 띠를 두르고 머물고 있다. 오늘 종일 저 운무 속에서 머물렀으니 어디 신선이 따로 있으랴.

콘도 야외에서 삼겹살에 소맥으로 가볍게 피로를 풀고 내일 마지막 종주 산행을 위해 일찌감치 하루를 마무리한다.

38 참으로 고맙습니다!
참으로 감사합니다!

제38구간 미시령~상봉~신선봉~대간령(새이령)~병풍바위~
마산봉~알프스콘도~진부령

산행 날짜 8. 16 (토)
산행 거리 16.44km
산행 시간 10시간 10분(04:30~14:40)

　새벽 3시 50분, 어제에 이어 우리 네 사람은 우용택외대산악회의 도움으로 속초를 출발하여 미시령 옛길 정상에 이르니 4시 20분이다. 아직 어둠이 깔린 새벽, 예상 밖으로 미시령 감시초소에는 감시원이 지키고 있어 순간 당황한다.

　승용차를 인제 방향으로 200여m 직진한 후 승용차를 돌려보내고, 어둠을 틈타 조심스럽게 감시초소 방향으로 접근한다. 미시령~진부령 구간은 등산로가 초소 옆길 하나뿐이어서 그 길을 통과하지 않으면 사실상 등산이 불가하다.

　그래서 경험이 많은 정창기 씨의 지휘 아래 쥐죽은 듯 고요하게 초소 옆 30여m 아래 지점까지 접근하여 철조망과 철제 지지대 사이 빈 공간으로 배낭을 조심스레 밀어넣고 마치 적진을 탈출하는 영화 속 한 장면처럼 한 사람 한 사람 은밀하게 철조망을 기어오른다.

전시 작전과도 같은 미시령~상봉 오르는 길

　선두는 내가 맡아 가파른 자갈길을 납작 엎드려 기어오른다. 거의 낮은 포복자세다. 이어 후배인 제갈무영, 그리고 나머지 두 사람이 뒤를 따른다.

아래서는 우리와 같은 구간을 등반하려다 감시원에게 걸린 듯한 사람이 "도대체 이렇게 못 가게 하는 게 능사냐"며 감시원과 실랑이를 벌이고 있다. 그 실랑이가 마치 우리의 무사한 등산을 위해 일부러 벌이는 해프닝 같이 느껴져 기분이 묘하다. 실랑이는 우리가 감시초소를 벗어나 거의 안전지대로 진입했다고 생각할 때까지 계속 이어진다. 하지만 일말의 불안감이 사라지지 않아 그렇게 상봉을 향해 20여 분 더 오른다. 오른쪽으로 시선을 돌려보니 속초 시내의 야경이 보인다. 속초는 아직 어둠 속에 잠들어 있다.

우리는 행여 초소에서 불빛이 보일까 봐 헤드라이트를 켜지 않고 계속 전진한다. 그러는 사이 어느새 날이 밝아 숲속에서 새들이 기지개를 켜며 아침이 밝았음을 노래한다.

상쾌한 새소리를 들으며 숲길을 한참 오르니 조그만 샘터가 나온다. 목을 축이고 싶었지만 물이 맑지 않다. 샘터를 지나 조금 더 올라 상봉 500여m 아래의 전망대에 도착한다. 전망대에서 남동쪽을 바라보니 울산바위와 미시령을 동서로 가로지르는 미시령 옛길이 마치 옛이야기처럼 이어져 있다. 미시령 위로 어제 지나온 황철북봉이 보인다. 어제에 이어 오늘도 동해로부터 유입되는 수증기가 많아 조망이 전반적으로 좋지 않지만 설악은 가끔씩 비경을 드러내 우리를 위로한다.

전망대를 뒤로하고 상봉을 향해 오른다. 200여m 오르니 우측에 칼처럼 우뚝 솟은 바위가 보인다. 촛대바위다. 촛대바위와 비교적 편편한 너덜 지대를 지나자 조성한 지 얼마 되지 않은 듯한 헬기장이 나온다. 그런데 헬기장 주변의 너덜이 모두 파헤쳐져 있다. 알고 보니 국방부 유해발굴 지역이다. 나뭇가지에 매달아놓은 푯말에 '국방부/육군 8군단에서 6·25 전사자 유해발굴 작업을 하였다'고 적혀 있다.

이 지역은 6·25 당시 치열한 격전지로, 수많은 전사자들을 낸 곳인데 당시 시신들을 수습할 마땅한 방법이 없어 바위틈새에 놓아둔 모양이다. 헬기장은 유해발굴 작업을 위한 중장비를 실어 나르기 위해 조성된 것 같다. 분단의 아픔이 느껴진다.

헬기장에서 조금 더 오르니 오전 6시 25분, 상봉1,239m 정상이다. 상봉과 그 주변도 파헤쳐지고 재정비되어 있다. 네 사람은 번갈아가며 인증샷을 한 후 이제 화암재를 향한다.

화암재 초입은 가파른 내리막 암릉 지대다. 지난 두 번의 경험으로 보면, 이 구간은 겨울산행의 난코스다. 정창기 씨는 "지난 겨울 뫼솔산악회 산행 시 이 구간을 내려가다가 그만 죽는 줄 알았다"고 회상한다. 눈이 키 높이까지 쌓인 데다 표면은 차가운 바람으로 얼어붙어 제동하지 못하고 무서운 속도로 미끄러졌는데 바위에 몸이 닿기라도 했다면 큰 부상을 입었을 것이라며 아찔해 했다.

길은 내리막으로 계속 이어지다가 상봉 500여m 지점에서 다시 솟구친다. 가파른 돌길을 치고 올라오니 속초 일대와 동해바다가 한눈에 들어온다. 아침 7시경, 해는 이미 떠올랐지만 동해바다와 설악산은 기싸움을 하듯 서로 거대한 구름을 밀고 밀쳐내고 있다. 구름 사이를 뚫고 나온 햇살이 동해바다에 반사되어 금빛 호수를 만들어놓았다.

제갈무영 덕분에 해안선 가까이 좌측에 있는 호수가 영랑호이며 우측에 있는 호수가 청초호임을 안다. 또한 고성 방향으로 삼각형으로 평지돌출한 산이 운봉산이라는 사실도 안다.

제갈무영은 전국 10만 분의 1 지도를 모두 연결했다고 하는데 접었던 것을 펼치니 마치 설계도면 같다. 그는 지도를 펼쳐놓고 주변의 지형을 살핀다. 지도는 도 단위로 제작되어 있는데 오늘 가져온 것은 강원도 지도라고 한다. 고산자 김정호에 버금가는 대단한 사람이라는 생각이 든다.

저 아래 화암재는 구름 속에 잠겨 있고 건너편에는 북설악 신선봉이 손에 잡힐 듯 보인다. 신선봉 산록엔 드문드문 회색빛 너덜 지대가 보인다. 우리 일행은 이곳에서 유부초밥과 취나물초밥으로 아침을 먹는다.

화암재에서 속초로 이어지는 계곡은 설악동이나 수렴동 계곡과는 사뭇 다르게 단아하고 안온한 느낌이 든다. 북설악의 풍광은 남설악과 내설악, 외설악과는 또 다른 운치를 간직하고 있다. 이곳은 미탐방 구간이어서 생태계가 잘 보존되어 있을 것 같다. 계곡 사이로 구름이 내려와 운우지정을 나누고 있다.

신선봉에서 신선이 되어 즐기는 망중한

신선봉 오르는 길은 가파른 흙길이다. 오르는 길이 너덜 지대일 거라 생각했는데 그와는 반대다. 지나온 황철봉과는 사뭇 대조된다. 황철봉은 오르는 길은 힘든 너덜이지만 정작 정상은 흙과 돌이 섞여 거의 평지나 다름없었다. 하지만 신선봉은 정상까지 거의 흙길이나 정상과 그 주변은 암릉으로 되어 있다. 내유외강인 이 봉우리는 대청봉과 함께 설악산 일출의 명소로 알려져 있다.

신선봉 삼거리에서 정상까지는 300여m를 올라야 한다. 저 건너 신선봉 삼거리 옆에 종 모양으로 우뚝 솟은 봉우리가 있다. 이곳에서 사람들의 말소리가 들려 보니 어제 만났던 청주에서 온 산객들이다.

우리는 신선봉 정상에 올라 각자 인증샷을 하며 마치 신선이라도 되는 듯 잠시 앉아 망중한을 즐긴다. 구름은 가슴을 열어 동해와 북설악 일대를 보여주었다가도 순간 가슴을 닫아 사방을 운무지대로 만들어버린다.

신선봉1,244m 표지석. 어느 산악회에서 만들어놓았는데 글씨가 지워져 정확히 이름을 알 수 없다.

대간 길은 신선봉에서 약 1km 정도 내려오다가 우회한다. 이곳에서 대간령까지 경사의 차이는 있지만 계속 내리막이다. 인제 용대리에서 신선봉을 가기 위해 올라오고 있는 산객 10여 명을 만난다. 내리막길을 한참 더 내려오다 보니 구름이 일시에 걷히며 건너편에 암봉과 암봉 우측 능선에 병풍바위가 보인다.

드디어 대간령, 대간령은 새이령, 샛령이라고도

하는데 『신증동국여지승람』에는 석파령으로 기록되어 있다고 한다. 대간령은 고성군 도원리와 인제군 용대리를 잇고 있는데 예전에는 사람의 왕래가 꽤 잦았는지 인근에 주막집이 있었다고 한다.

이정표에는 마산봉 3km, 도원리 6km, 용대리 마장터 2km로 나와 있다. 이곳부터는 탐방 구간인지 이정표가 잘되어 있다.

대간령에서 암봉까지는 약 1km인데 가파른 오르막이다. 약 40여 분에 걸친 힘겨운 산행 끝에 암봉1,050m 정상에 도착한다. 그런데 산행 피로가 극에 달했는지 자꾸 잠이 오고 다리가 풀린다. 정신력으로 버티지만 한계가 있나 보다.

암봉에서 잠시 내리막을 걷다가 20~30여 분 거의 평지가 이어진다. 이곳은 오늘 걷는 숲길 중 가장 울창한 숲길이자 걷기 좋은 숲길이다.

병풍바위봉을 향해 오르막길을 계속 오르고 있는데 위편 저쪽에서 사람 소리가 난다. 알고 보니 어제 지원 산행 온 외대산악회 임창서 선배와 우용택 후배가 알프스리조트 입구에서 마산봉까지 올라와 우리 일행을 기다리고 있었다. 진한 산 사람의 정이 느껴진다.

반가운 마음으로 악수를 나누고 병풍바위봉을 향해 함께 오른다. 이제 일행은 4명에서 6명으로 늘었다. 풀렸던 내 다리에 힘이 솟고 오른쪽 발목의 통증도 바로 멈춘 듯하다.

드디어 도착한 병풍바위봉1,058m. 형상이 마치 병풍을 두른 것 같다 하여 붙여진 이름이며, 겨울에는 눈이 허리춤까지 쌓일 정도로 눈이 많이 내리는 곳이다. 또한 날씨가 좋으면 주변의 경관을 훤하게 볼 수 있는데 오늘은 운무로 그런 풍광을 볼 수 없어 아쉽다.

정창기 씨는 지난겨울 눈 속에 파묻힌 정상석을 보지 못했는데 이제 정상석이 있다며 백마산악회에서 써놓은 표지석을 허리춤까지 번쩍 들고 인증샷을 한다.

이곳에서 이제 대간 마지막 고봉, 마산봉을 향한다. 마산봉은 고성군 간성읍과 토성면의 경계에 있으며, 산세가 말의 등을 닮았다고 해서 붙여진 이름이다. 금강산 1만 2천 봉 중 하나에 속하며 건봉사, 청학정, 화진포 등과 함께 고성 8경에 속한다고 한다.

그동안의 경험으로 보자면 날씨가 좋을 경우 실제로 진부령 너머 향로봉은 물론, 비로봉을 포함한 금강산 연봉까지 어슴푸레하게 조망된다. 병풍바위에서처럼 역시 운무로 인해 그런 조망을 볼 수 없음이 아쉽다.

진부령에서 멈춘 길, 대간은 달리고 싶다

마산봉을 뒤로하고 1.4km를 하산하여 우리나라 최초의 스키장인 알프스 스키장과 콘도에 도착한다. 하지만 스키장 슬로프는 잡초만 무성한 채 폐쇄되어 있다.

알프스 스키장에서 진부령까지 포장도로와 임도를 거쳐 약 3.7km를 진행해야 한다. 콘도 입구에는 환영 나온 정택주, 김병준 선배와 조동식, 정승구 등 외대산악회 OB와 YB 김기범의 모습도 보인다. 또한 사위 박민우와 딸 지혜, 아들 범경, 손자 박지후가 나를 반긴다. 일시 종주 성공 축하 플래카드를 앞세워 기념사진을 찍고, 아침 미시령을 출발한 네 사람은 진부령까지 약 4km 마지막 구간 종주에 나선다.

오후 2시 40분, 드디어 진부령 백두대간 표지석 앞에 도착하여 40

일 간의 대장정을 마친다. 무엇보다 무사히 종주를 마친 데 대해 감사한다.

내일은 산행이라기보다는 오래 전에 울산암 암벽 등반 중 목숨을 잃은 故 김종필 외대산악회 후배의 비석을 찾아 명복을 비는 것으로 이번 산행을 마무리하기로 한다. 당시 산악부 대장이 제갈무영이라 그와 함께 갈 예정이다.

외대산악회는 50년 역사상 고인정선인봉, 김종필울산암, 한화정원효릿지 등 후배 3명을 산에서 잃었다. 나는 이번 일시종주를 떠나기 직전인 7월 5일, 북한산에 있는 산악인 추모탑을 찾아 먼저 간 그들의 명복을 빌며 이번 대간 길의 어려운 고비마다 나를 보살펴 달라고 기원했고, 산행이 끝나면 바로 울산암을 찾아가 그동안 보살핌의 고마움과 명복을 비는 것으로 일시종주를 끝맺음하기로 다짐한 바 있다.